JUAN RULFO

JUAN RULFO

por Grigori Karlenovich Gazarian
y Sorel Scarlet Contreras Meyemberg

Grupo Editorial Tomo, S.A. de C.V.
Nicolás San Juan 1043
03100 México, D.F.

1a. edición, abril 2004.

© 2004, Grupo Editorial Tomo, S.A. de C.V.
Nicolás San Juan 1043, Col. Del Valle
03100 México, D.F.
Tels. 5575-6615, 5575-8701 y 5575-0186
Fax. 5575-6695
http://www.grupotomo.com.mx
ISBN: 970-666-937-X
Miembro de la Cámara Nacional
de la Industria Editorial No 2961

Proyecto: Grigori Karlenovich Gazarian
y Sorel Scarlet Contreras Meyemberg
Diseño de Portada: Trilce Romero
Formación Tipográfica: Servicios Editoriales Aguirre, S.C
Supervisor de producción: Leonardo Figueroa

Impreso en México - *Printed in Mexico*

Contenido

Prólogo

"Yo tuve una infancia muy dura, muy difícil. Una familia que se desintegró muy fácilmente en un lugar que fue totalmente destruido. Desde mi padre y mi madre; inclusive todos los hermanos de mi padre fueron asesinados. Entonces viví en una zona de devastación. No sólo de devastación humana, sino de devastación geográfica. Nunca encontré ni he encontrado hasta la fecha, la lógica de todo eso. No se puede atribuir a la Revolución. Fue más bien una cosa atávica, una cosa de destino, una cosa ilógica. Hasta hoy no he encontrado el punto de apoyo que me muestre por qué en esta familia mía sucedieron en esa forma, y tan sistemáticamente, esa serie de asesinatos y de crueldades".

(De la entrevista
con Joseph Sommers)

Defensor incansable del indígena acribillado por las tradiciones violenta y forzosamente arraigadas por aquellos que viajaron desde otro continente para apropiarse de lo que no les pertenecía; lector insaciable en búsqueda de encontrar la otredad en su mundo geográfico e intelectual; literato afamado cuya obra ha rebasado fronteras y ha sido aclamada por el público y la crítica por igual, que encontró en su producción literaria un México verdadero, desnudo, abatido y violado por las vicisitudes de su historia sangrienta y, quizá, acogido por otros pueblos dada la identificación con lo nuestro. Así podría describirse a Juan Rulfo.

A la corta edad de ocho años ya había penetrado en el mundo literario de varios autores. Años más tarde, se enfrenta a la necesidad de expresar él mismo los acontecimientos de su propio entorno, que lo moldearon e hicieron sobresalir como escritor mexicano. Si bien es cierto que el propio Rulfo trataba de no reflejar en su obra las peripecias de su vida, el lector, al decidir ser el acompañante invisible de los protagonistas de *Pedro Páramo* o *El llano en llamas*, se percata de la similitud entre este mundo imaginario y la triste realidad de la vida rural en México. En una de las entrevistas realizadas a este escritor, confiesa su inquietud por hallar un libro idóneo que llenara sus expectativas como lector, y al no encontrarlo se ve inmerso en la aventura de escribir su propio libro con el cual, aun sin imaginarlo ni proponérselo siquiera, dejaría fluir sus más íntimos pensamientos. Quizá, este hecho explique la incongruencia entre la magnitud de la figura de Rulfo en el mundo literario y su escasa, pero bien acogida, producción artística. Como decía acertadamente el escritor uruguayo Eduardo Galeano: "Juan Rulfo dijo lo que tenía que decir, en pocas páginas, puro hueso y carne sin grasa, y después guardó silencio".

Una de las dificultades que surgen ante cualquiera que pretenda decir algo de la vida del escritor jalisciense es la escasez de la información biográfica fidedigna. En buena parte eso se debe a la personalidad de Rulfo quien, resistiendo la intervención de otros en su vida y en su mundo, creó hasta un sistema para desorientar a los que trataban de penetrar en ella. El amigo del escritor, para aquel entonces el Secretario General del Gobierno de Jalisco, Alfonso de Alba Martín, dijo en su homenaje: "Trazar una fiel semblanza de Juan Rulfo lo impide lo mucho que ignoramos de su vida y lo poco que él cuenta —tendenciosa e intencionalmente— para que no podamos acercarnos a ella... hay vacíos en su pasado que se pierden en las brumas y en los rumores..."

Un acercamiento a la situación familiar, al estado que vio nacer al escritor, al país donde creció y se formó, así como a sus intereses, nos llevará a un conocimiento y entendimiento aún más profundo sobre la vida y obra de Juan Rulfo, uno de nuestros más ilustres contribuidores de la literatura mexicana. Emprendamos, pues, esta aventura, transportándonos a la pequeña ciudad de San Gabriel, ubicada en los inmensos llanos del estado de Jalisco…

¿Que de dónde amigo vengo?

Juan Nepomuceno Carlos Pérez Rulfo Vizcaíno vino al mundo el 16 de mayo de 1917 en San Gabriel (desde 1936 y hasta hoy Ciudad Venustiano Carranza), Jalisco; aunque a veces se dice que nació en la ciudad de Sayula, perteneciente al mismo estado[1]. Rulfo mismo apuntaba que había nacido en San Gabriel, pero por las circunstancias tumultuosas de la Revolución Mexicana lo llevaron a bautizar a Sayula. La fe de bautismo del futuro autor de *Pedro Páramo* dice: "Carlos Juan Nepomuceno". Su abuelo mater-

---

[1] El historiador y biógrafo de Rulfo Federico Munguía Cárdenas menciona algunos datos dignos de interés en cuanto a esta población tapatía: "La región donde tuvo su origen la familia de Juan Rulfo [...] se localiza al sur y suroeste de Guadalajara, a 105 kilómetros de la cual se encuentra la antigua población de Sayula que da nombre a una casi extinta laguna salada. Está situada a 1,360 metros sobre el nivel del mar. En la época colonial fue población importante, con buen comercio y artesanía; productora de sal, jabón y tejidos de lana y algodón, aunque de mediana agricultura temporalera por la irregularidad de las lluvias. Calles rectas, bien trazadas, abundancia de portales y amplias casonas. Cuenta hoy con cerca de cuarenta mil habitantes. Los mantos acuíferos del subsuelo la han constituido como zona de regadío y es fuerte productora de alfalfa. Su clima es semiseco, con promedio aproximado de 23°C. El significado de su nombre náhuatl es "*Lugar de moscas*".

Blas Galindo, el amigo del hermano de Rulfo, recuerda que la localidad era bastante retirada: "Llegar al pueblo era una odisea. Eran ocho horas a pie, o seis a caballo para llegar a Sayula y de allí tomar el tren que de Colima iba a Guadalajara. Años más tarde, a instancias del señor cura y del presidente municipal, la gente construyó un camino por el que se podía transitar sólo en tiempos de secas, pues la laguna de Atoyac se llenaba con las lluvias y nos aislaba".

no se llamaba Carlos; le pusieron Juan Nepomuceno porque nació el 16 de mayo, el día de este santo. Pero él mismo prefirió de esta pila de nombres de sus antepasados paternos y maternos un nombre más sencillo: Juan Rulfo, por Juan del Rulfo:

> Juan del Rulfo era un aventurero "caribe", o sea de los que estuvieron al servicio de José María Calleja, alias "El Caribe", que tuvo una hija llamada María Rulfo Navarro que se casó con mi abuelo paterno: José María Jiménez. Este Juan del Rulfo llegó a México a fines del siglo XVIII, y parte de su vida la dedicó a combatir a Giordano Guzmán en los rumbos de Tamazula de Guzmán y Zapotitlán el Grande, hoy ciudad Guzmán. Más tarde, junto con el general Briguela, combatió a los franceses.

No obstante haber nacido en un pequeño pueblo que pertenece al distrito de Sayula, Juan Rulfo afirmaba que no lo conocía, que nunca había vivido en Sayula. Más bien se consideraba oriundo de San Gabriel, ubicado al sur de Guadalajara. Anteriormente era un pueblo próspero por hallarse en el camino real de Colima. San Gabriel, junto con Zapotitlán, fue una de las localidades más importantes en esta zona antes de la Revolución Mexicana, aunque después se vino abajo a causa del cambio de caminos comerciales, de manera que hoy cuenta con tan sólo 8,750 habitantes. Al inicio de su cuento "En la madrugada" encontramos una descripción interesante:

> San Gabriel sale de la niebla húmeda de rocío. Las nubes de la noche durmieron sobre el pueblo buscando el calor de la gente. Ahora está por salir el sol y la niebla se levanta despacio, enrollando su sábana, dejando hebras blancas encima de los tejados. Un vapor gris, apenas visible, sube de los árboles y de la tierra mojada atraído por las nubes; pero se desvanece en seguida. Y detrás de él aparece el humo negro de las cocinas, oloroso a encino quemado, cubriendo el cielo de cenizas.

En realidad, estos pueblos nacieron como resultado de la concentración humana, práctica común entre los encomenderos a principios de la Conquista Española que se llevaba a cabo para poder administrar mejor las tierras y controlar a los indios. Era uno de estos pueblos que, como decía el propio Rulfo, "han perdido hasta el nombre". Esta circunstancia, junto con la experiencia de la vida solitaria en la ciudad de México, influiría inmensamente en la obra y modo de pensar de Juan Rulfo.

Juan Rulfo.

Zona de devastación

Jalisco solía llamarse Nueva Galicia, cuya capital, Guadalajara, no guardaba mucho contacto con México, la capital del virreinato. Tanto la zona de donde era Rulfo —Provincia de Ávalos— como Nueva Galicia fueron conquistadas por Alonso de Ávalos y Núñez de Guzmán, respectivamente. Muchos, si no todos, conquistadores españoles eran prácticamente gente sin patria: aventureros o excarcelados, personas sin pasado, que cambiaban fácilmente de nombre. Por ejemplo, se ponían el patronímico de la zona geográfica donde vivían. (Uno de los nombres de pila de Juan Rulfo, Vizcaíno, no existe en España; lo que existe es Vizcaya, la provincia española.) Dice Rulfo:

> Yo soy de una zona donde la conquista española fue demasiado ruda. Los conquistadores ahí no dejaron ser viviente. Entraron a saco, destruyeron la población indígena, y se establecieron. Toda la región fue colonizada nuevamente por agricultores españoles. Pero el hecho de haber exterminado a la población indígena les trajo una característica muy especial, esa actitud criolla que hasta cierto punto es reaccionaria, conservadora de sus intereses creados. Son intereses que ellos consideraban inalienables. Era lo que ellos cobraban por haber participado en la conquista y en la población de la región. Entonces los hijos de los pobladores, sus descendientes, siempre se consideraron dueños absolutos. Se oponían a cualquier fuerza que pareciera amenazar su propiedad. De ahí la atmósfera de terquedad, de resentimiento acumulado desde siglos atrás [...].

Estados de Jalisco, Guerrero, Michoacán, y algunos otros más, pertenecen a una zona violenta; tierras inhóspitas y calientes, situadas entre ochocientos y novecientos metros de altura, una zona donde la vida humana vale muy poco. Hoy día esto cambió en cierta medida, pero en los tiempos de Rulfo eran lugares muy conflictivos (¿o será que el foco de la agresividad se trasladó, junto con miles y miles de campesinos despojados de su tierra y modo de vivir tradicional, a la ciudad más grande del mundo?) Se ofrecen varias explicaciones de tal fenómeno: el aislamiento de esas zonas, la despoblación —a diferencia de los Altos, que eran superpoblados—, el calor, la miseria que causó la huida de los habitantes hacia la costa, el altiplano o Estados Unidos. Pero sea cual fuere su verdadero origen, el resultado es el mismo: un carácter violento. "El mal pinto", o Chiriua, como le llaman allí. Como decíamos, el valor de la vida humana es mínimo en esos rumbos.

Más allá de la irascibilidad de sus habitantes, es una zona muy pobre. A diferencia de muchos otros estados no existían allí las haciendas grandes. Los campesinos han sido y siguen siendo muy pobres. No tenían tierras ni las pedían. (En "Nos han dado la tierra", Rulfo muestra lo que sucedía cuando sí se las daban, lo cual también analizaremos con mayor detalle en el capítulo "El mundo literario de Rulfo: denuncia y esperanza"). A principios del siglo XX era común un sistema del mediero: el campesino sembraba la tierra del patrón y le entregaba la mitad de la cosecha. En los años posteriores, la situación no había mejorado; esta zona y este modo de vivir desaparecen, a pesar del fuerte vínculo con el pasado. Como lo indica Rulfo en su cuento "Luvina", la gente no quiere abandonar a sus "muertitos":

> Tú nos quieres decir que dejemos Luvina porque, según tú, ya estuvo bueno de aguantar hambres sin necesidad, —me dijeron—. Pero si nosotros nos vamos, ¿quién se llevará a

nuestros muertos? Ellos viven aquí y no podemos dejarlos solos.[2]

El culto a los difuntos es tan fuerte que, como apuntaba Rulfo, a veces los que se van "llevan sus muertos a cuestas". Este apego a su tierra y a los suyos es muy característico de la gente de campo y los diferencian de la gente urbanizada —sobre todo en los países "desarrollados"— que se desplaza con facilidad en búsqueda del empleo y de una vida mejor.

No obstante la pobreza, la gente trabaja mucho y produce mucho. Jalisco, por ejemplo, es el estado que produce más maíz en todo México. Una consecuencia de ello es la erosión de las tierras, pues mientras más grande sea la producción de maíz, mayor será la destrucción de la tierra.

Otro rasgo característico es el hurto de ganado y una especie de omertà italiana, el famoso código de silencio de los sicilianos: "Se roban los toros, porque todos son cuatreros y es tal la mafia del abigeato que nadie denuncia los robos porque lo matan. Ni mi propio hermano me dice el nombre de los ladrones de sus vacas", confesaba Rulfo.

Las costumbres de ahí eran más arcaicas, tradicionalistas. A pesar de tener los mexicanos la fama de hombres fuertes, "machos", el nuestro es un país donde reinan las mujeres, ya sea como "eminencias grises" —"Detrás de cada gran hombre hay una gran mujer", reza el dicho—, ya como soberanas independientes. La zona de la cual estamos hablando conservaba todavía los rasgos del matriarcado; eran las mujeres las que estaban al mando. Se dice que la revuelta de los cristeros, la cual analizaremos más adelante con mayor detalle, era una guerra matriarcal cuando las mujeres mandaban a sus hombres a defender al Cristo rey. Uno de los recuerdos de infancia de Juan Rulfo se relaciona con la Guerra Cristera. Él tenía alrededor de ocho años cuando

---

[2] Juan Rulfo, "Luvina", en *El llano en llamas*, p. 123.

el cura de San Gabriel le encomendó su biblioteca a la abuela del futuro escritor, oportunidad que Rulfo no podía dejar pasar pues decidió leer este conjunto de libros por completo, hasta el último tomo.

Aunado a esto, otra característica importante es el conservatismo de esos pueblos. Son muy tradicionalistas; algunos los tildan de fanáticos o reaccionarios, pero este tradicionalismo pierde su matiz negativo si consideramos que los habitantes urbanos son fácilmente manipulables al perder la noción de lo suyo, sus tradiciones, sus raíces. Los pueblerinos son gente muy reservada, incluso desconfiada. Casi no hablan de sus asuntos, y mucho menos con un extraño, pues lo tachan de intruso. Rulfo recordaba que la gente en las calles dejaba de platicar cuando uno se les acercaba: "Para ellos eres un extraño y hablan de las lluvias, de que ha durado mucho la sequía y no puedes participar en la conversación. Es imposible", narraba el escritor mexicano; "Tal vez por desconfianza no sólo con el que va, con el que llega, sino entre ellos. No quieren hablar de las cosas, de lo que hacen. Uno no sabe a qué se dedican. Hay pueblos que se dedican exclusivamente al agio. La gente allí no habla nada. Arregla sus asuntos en forma personal, muy particular, secreta casi". Estas características de la zona de donde proviene el autor de *Pedro Páramo* no pudieron sino reflejarse en su propio carácter y en su obra. Así, para justificar la timidez de su carácter, decía: "Yo sólo me sé expresar en forma muy rudimentaria". Esto en cierta manera coincide con lo que escribía Octavio Paz en *El laberinto de la soledad* respecto al carácter nacional: "Para nosotros, contrariamente a lo que ocurre con otros pueblos, abrirse es una debilidad o una traición. El mexicano puede doblarse, humillarse, "agacharse", pero no "rajarse", esto es, permitir que el mundo exterior penetre en su intimidad".

A todo esto se junta la situación que vivía el país. La guerra civil que siguió a la revolución dejó destruida casi toda la región; imperan la arbitrariedad, el homicidio, el robo. El sistema financiero prácticamente estaba arruinado, al igual que las casas, los comercios y las haciendas. Otra desgracia: la influenza española, el brote de la gripe más severo del siglo XX que supuestamente se originó en el estado de Kansas, Estados Unidos, y en cuestión de meses se propagó por el mundo entero causando la muerte de más de treinta millones de personas. La posibilidad de contagiarse era alta, y el hecho de que el niño (Juan Rulfo) sobreviviera a tal enfermedad habría sido prácticamente un milagro, aunque su muerte habría pasado desapercibida entre tantos infortunios que tocaron a nuestro país a principios del siglo pasado. Afortunadamente, eso no sucedió.

La familia

El padre de Juan Rulfo, Juan Nepomuceno, conocido como don Cheno Pérez Rulfo, era agricultor y dueño de algunos potreros cerca de San Gabriel. Su esposa, la madre de Rulfo, se llamaba María Vizcaíno Arias. Al igual que el propio escritor, todos eran bastante discretos. Rulfo recordaba que su abuela, María Rulfo Navarro, era una persona muy reservada: pasaba los días leyendo su devocionario, que se sabía de memoria; en otras ocasiones se iba a la iglesia. Los únicos compañeros de Juan eran sus tres hermanos. En el cuento "Nos han dado la tierra", aparece una imagen interesante que bien podría ser el reflejo de él al lado de sus tres hermanos y nadie más: "Somos cuatro. Yo los cuento: dos adelante y dos atrás. Miro más atrás y no veo a nadie. Entonces me digo: 'Somos cuatro' ."

El primer antepasado de Rulfo con este apellido que aparece en los documentos históricos fue Juan Manuel de Rulfo, nacido en 1784 en Querétaro. Estaba casado con Mariana Pérez y tuvo varios hijos, entre ellos José María, Ignacio, María de Jesús y Josefa Rulfo Pérez. Este antepasado del escritor jalisciense fue un personaje histórico, si no importante, por lo menos notable: como escribe Niceto Zamacois en su *Historia de México,* durante la Guerra de Independencia ejercía autoridad en Zapotitlán el Grande y fusilaba a los insurgentes. Según algunas fuentes, en 1813 fungía como capitán de la Compañía de Indios Patriotas, ejército formado en las poblaciones para combatir los insurgentes. En 1825, Juan Manuel vuelve a aparecer en Zapotitlán trabajando como maestro de la escuela y hacia

1830 ya reside en Sayula donde después de poco menos de un siglo bautizarán a su descendiente más famoso. En 1834 Juan Manuel, quien para aquel entonces había trabajado como escribano público, falleció. Su hijo mayor, José María de Rulfo Pérez, heredó la profesión de su padre; trabajó para el gobierno imperialista (como Secretario de Subprefecto en Sayula) y, más tarde, para los republicanos, una vez perdonada su infidelidad. Se casó con María Navarro y tuvo siete hijos, todos originarios de Sayula: María, Mercedes, Emilia, Ignacia, Carmen, Julia, y José María. Como su único hijo falleció sin dejar herederos, el apellido Rulfo desapareció en la región. La hija mayor, María Rulfo Navarro, se casó en 1883 con un tal Severiano Pérez Jiménez, de veinticuatro años de edad, originario de San Juan de los Lagos, abogado de profesión. Éste se había trasladado a Sayula seis años antes y desempeñaba diferentes cargos relacionados con el área jurídica. Su padre se llamaba Juan Nepomuceno Pérez Franco; así, por primera vez aparece este nombre en la historia familiar del escritor jalisciense. A su hijo primogénito la familia Pérez Rulfo le puso Juan Nepomuceno, conocido coloquialmente como don *Cheno*; a sus trece o catorce hermanos —David, José Raúl, Rubén, Jesús, Luis, Victoria Esperanza, María Dolores, Julia, Mónica, Rosa, entre otros— les esperaba un destino trágico, pues casi todos los varones, a excepción de Luis, murieron de una muerte violenta, mientras que las mujeres fallecieron durante su infancia.

Por el lado materno, los antepasados de Rulfo eran originarios de la región española de Vizcaya y abundaron en la región. Estos españoles tenían sus propios apellidos pero comúnmente se les conocía como "vizcaínos". El primero de ellos, navegante y cartógrafo general Sebastián Vizcaíno, explorador de las Californias y descubridor de la Bahía de San Francisco, arribó a la zona en 1607. Había llegado para sustituir a los herederos del primer encomendero Alonso de Ávalos; con su llegada, los vizcaínos empiezan a anteponer el nombre de la región geográfica a sus apellidos. El bisabuelo materno de Rulfo, el acomodado hacendado Lucas Vizcaíno, según los rumores populares, debía sus riquezas al pacto con el diablo; el historiador Felipe Cobián Rosales narraba que una mujer del pueblo mencionaba:

> El que sí tenía pacto con el diablo era don Lucas... él tenía mucho dinero y muchísimo ganado. Hoy estaban vacíos sus corrales y mañana en la mañana aquello era una preciosidad de animales bien gordos y relucientes. Todo era cuestión de ponerse de acuerdo con el "ñaco" y el señor era servido...

Lo mismo se decía sobre su hijo, Carlos Vizcaíno: "era tan rico porque tenía pacto con el diablo y que en todas partes donde su mula pisaba, se encontraba entierros de monedas de oro puro". Su descendiente Lucas Vizcaíno se casó con una señora Vargas y tuvo un hijo, Carlos Vizcaíno y Vargas; éste, a su vez, contrajo matrimonio con Tiburcia Arias de La Piña quien, según el propio Rulfo, venía de "unos Arias que habían venido aquí en el siglo XVI, posiblemente andaluces". Carlos Vizcaíno mereció la fama de

> benefactor, atendiendo al pobre, al enfermo, emprendiendo trabajos para ocupar a la gente, pagando jornal íntegro a quienes por enfermedad, accidente, ancianidad, ya no podían trabajar, ayudando a viudas y huérfanos, manteniendo siempre una vaca en tales casas y donde había enfermos para que tuvieran alimento indispensable, ello antes de que entraran en vigor las actuales leyes laborales...,

como menciona el investigador Federico Munguía Cárdenas. Se hizo también famoso por las construcciones que mandó hacer: entre ellas el templo de su hacienda La Guadalupe (Apulco[3]), iniciado en 1892 y terminado y ben-

---

[3] Apulco, que en náhuatl significa *Agua mala* o *revolcada* o *Donde se ocultan las aguas* y que había pertenecido a una tal Guadalupe Mourett, pasó a ser propiedad de Carlos Vizcaíno y Vargas en 1885. La locali-

decido en 1910[4]. A pesar de los fuertes gastos que entrañó la construcción, pretendió construir un puente del río junto a la hacienda que abriría camino a las regiones aledañas. Aunque la Revolución Mexicana impidió la continuación de las obras, es clara su necesidad para la región, pues años más tarde sí fue llevada a cabo la obra, al construirse la carretera Ciudad Guzmán-Autlán. Tiburcio y Carlos Vizcaíno fueron los abuelos maternos de Juan Rulfo.

Su hija María Vizcaíno y Arias heredó Apulco como dote y en 1914 contrajo nupcias con Juan Nepomuceno Pérez Rulfo, quien trabajaba de administrador de la hacienda San Pedro Toxín, adquirida por su padre.

Con la llegada de la Revolución Mexicana empiezan los problemas para la familia del escritor. La revolución, junto con el despertar a la vida de las fuerzas que deseaban el cambio, también engendró las innumerables bandas de "revolucionarios", cuyo objetivo favorito en la región eran las pequeñas y desamparadas haciendas y localidades, que con frecuencia eran asaltadas, quemadas, robadas, lo cual significó la muerte para muchos de sus habitantes. Sin embargo, la violencia y el crimen imperantes nunca pueden detener la vida. En 1914 nace el hermano mayor de Juan, Severiano. Hacia 1916 varias familias, entre ellas la de Rulfo,

---

dad floreció hasta alcanzar categoría de pueblo; hoy día cuenta con poco más de mil habitantes. Su clima es caluroso; la vegetación, típica de zonas de clima árido.

[4] En Apulco cuentan diferentes historias sobre don Carlos: que fue a Roma para pedirle la autorización al Papa para casar a sus hijos —Vicente y María— entre sí, con tal de no desparramar su fortuna, cosa que jamás consiguió; otros afirman que fue al Vaticano para pedir perdón por su pacto con el demonio que le trajo la riqueza y que el templo —adornado con oro de 18 quilates— lo construyó como penitencia. ¿Era un hombre bueno o un demonio, entonces? María Rodríguez, la habitante de la localidad, dice: "Ese hombre hacía caridades. A cada casa le daba una vaca y cada viuda tenía dónde vivir y qué comer".

se hallaban en Ciudad Guzmán, lugar donde buscaban la seguridad; al paso de varios meses, ya se encuentran en Sayula, en la casa de la abuela paterna María Rulfo; fue ahí donde nació y pronto falleció la hermana del escritor María de los Ángeles, en 1916. El 16 de mayo de 1917, el día de San Juan Nepomuceno, viene al mundo el futuro autor de *Pedro Páramo*. Citamos un documento del Registro Civil de Sayula, respetando la ortografía del mismo:

> En Sayula a 11 ½ once y media de la mañana del día 24 veinticuatro de mayo de 1917 mil novecientos diecisiete, ante mi Tieniente Coronel Francisco Valdes, Presidente Municipal y Encargado del Registro Civil, compareció el Ciudadano J. Nepomuceno Pérez Rulfo, casado, agricultor de 28 veintiocho años de edad, originario y vecino de esta ciudad expuso: que en la casa número 32 treinta y dos de la calle Francisco y Madero nació en 3er tercer lugar y a las 5 cinco de la mañana del día 16 dieciséis del actual el niño que presenta vivo a quien puso por nombre Juan Nepomuceno Pérez Vizcaíno, é hijo legítimo del exponente y de su esposa María Vizcaíno Arias de 20 veinte años de edad. Son abuelos paternos: Severiano Pérez Jiménez y María Rulfo y maternos Carlos Vizcaíno y Tiburcio Arias. Fueron testigos de este acto los ciudadanos Jerónimo Celis, casado de 41 cuarenta y un años y Luis Ochoa Rodríguez, Soltero ambos empleados y vecinos de aquí y sin parentesco con el nacido. Leída que les fué la presente manifestación su conformidad y firmaron: G. Celis. — F. Valdez. — Juan N. Pérez Rulfo. — L. Ochoa.

Tres o cuatro meses después la familia parte para Guadalajara, de donde, tras residir tres años, regresa a Sayula en 1921. Fue en Guadalajara donde nació Francisco, uno de los hermanos de Juan. Entre los motivos de su regreso fue la partida del caudillo revolucionario Pedro Zamora (uno de los héroes del cuento "El llano en llamas") para reunirse con Francisco Villa. En 1923, en una casa que estaban rentando, nace Eva, la última hija del matrimonio.

Carlos Juan Nepomuceno

Desde los primeros años de la infancia Rulfo muestra su carácter sombrío, diferente. Así es la imagen que se quedó en la memoria de Blas Galindo, el amigo de Severiano, citada en una entrevista póstuma:

> A él no le gustó andar corriendo, brincando, haciendo estragos como lo hacían otros muchachos, sus juegos eran más tranquilos. No recuerdo nada que lo hubiera hecho sobresalir en aquel entonces, nada, ni siquiera una travesura que todo mundo recuerda. Yo sólo tenía tiempo para jugar de 5 a 6 de la tarde porque a esa hora me iba a cantar el rosario y en ese lapso nos frecuentábamos. Severiano, su hermano, era más amigo mío, Juan era más chico.
>
> Mi trabajo lo tenía frente al curato y ellos vivían también frente al curato, entonces nos juntábamos en la calle a jugar a los huesitos de tepaljocote; se hacía un monito y luego se sorteaba a ver quién era el que le tiraba primero. Formábamos una fila y el que le daba recogía los demás huesitos, nos divertíamos mucho porque era un griterío cuando alguien le atinaba y se quedaba con todos los huesitos.
>
> Juan una vez me lo recordó, me dijo: ¿Te acuerdas cuando jugábamos a los huesitos de tepaljocote? Sí, le contesté, claro que me acuerdo. Siempre me ganabas, me reprochó. Bueno, le dije, es que yo estaba más grande.

En la escuela era muy tranquilo, ensimismado, continúa Blas Galindo. Nunca brilló, no discutía, aunque al parecer "ya traía en su cabeza algo que le estaba madurando".

Cuando Juan es todavía muy pequeño, en 1923, unos gavilleros, que quedaron después de la revolución porque no pudieron regresar al mundo, sin violencia asesinan a su padre[5] ("Estaba lleno de bandidos por allí, resabios de gente que se metió a la revolución y a quienes les quedaron ganas de seguir peleando y saqueando"). Al pequeño Juan, junto con sus hermanos, lo despertaron para que viera a su padre muerto. Así lo recuerda el escritor en un texto publicado después de su propia muerte:

> Mi padre fue un hombre bueno.
> Vivió en esa época en que todo era malo. En que no se podían hacer planes para el mañana, pues el mañana era incierto y el hoy no terminaba todavía. Los tiempos eran malos: no se veía el cielo ni la tierra; ni si había sol o si el viento venía del norte o del sur.
>
> Mi padre murió un amanecer oscuro, sin esplendor ninguno, entre tinieblas. Lo amortajaron como si hubiera sido cualquier hombre y lo encerraron bajo la tierra como se hace con todos los hombres. Nos dijeron:
>
> —Su padre ha muerto, en esa hora del despertar cuando no duelen las cosas; cuando nacen los niños, cuando matan a los condenados a muerte. En esa hora del sueño, cuando uno está a mitad del sueño dentro de los sueños inútiles, pero llevaderos, fatales pero necesarios.

---

[5] Felipe Cobián Rosales narra otra versión del asesinato o, quizá, la misma pero más detallada: don *Cheno*, Juan Nepomuceno Pérez Rulfo, le llamó la atención a un tal Lupe Nava, el hijo del presidente municipal de Tolimán, Ambrosio Nava, porque sus animales se habían metido a los potreros de don *Cheno*. "Pos cómo no se iban a meter —recuerdan en Apulco— si los lienzos de piedra y alambre de los potreros de don *Cheno* no servian pa'nada". Nava pasó toda la noche en compañía de sus *cuates*, emborrachándose cada vez más y enfureciendo. Después de decir a sus amigos que iba a regresar pronto, alcanzó a don *Cheno*, lo acompañó durante quince minutos y por detrás le descargó a éste todos los tiros que su arma tenía. Cabe mencionar aquí que en el cuento "¡Diles que no me maten!" uno de los personajes se llama Juvencio Nava y es quien mata a machetazos a Don Lupe Terreros; es muy probable que Rulfo tomara nombres de personas que conoció y los llevara a sus cuentos.

—Su padre ha muerto.

Yo soñaba que tenía un venado en mis brazos. Un venado dormido, pequeño como un pájaro sin alas; tibio como un corazón quieto y palpitante, pero adormecido.

—Se le acabó la vida.

En estas líneas —en este poema— está el alma de Juan Rulfo, el hombre que supo ver lo trágico, lo doloroso de la vida, sin caer en el melodrama. Le tocó ver su primera muerte a los seis años. Más tarde le siguen otras pero ninguna deformó su alma, ninguna lo hizo ensañarse contra el mundo.

El abuelo paterno, el Lic. Pérez Jiménez, muere un año después por la tristeza de haber perdido a su hijo mayor y el más querido, como mencionaba el propio Rulfo. El abuelo no fue el único a quien trastornó la muerte de Juan Nepomuceno. Severiano Rulfo decía que era muy querido en la región, pues siempre luchaba por ayudar a aquellos que no tenían recursos suficientes, llevándoles quinina —la medicina necesaria en los tiempos de paludismo o malaria— y él mismo inyectándola. La gente de todos los ranchos y poblaciones aledañas concurrió a San Gabriel para el velorio de don Cheno.

Clementina Trujillo, de la misma población, recordaba sobre la infancia del novelista mexicano:

> De chiquillo... tenía la carita redondita redondita y blanquísima. Le veía uno y sabía de quién era, pero hasta ahí. En la doctrina, me acuerdo, yo ya grandecita y él muy chico todavía. En las entradas de rodillas de los viernes al Señor de Amula, también entonces... Todo esto fue en San Gabriel: porque su infancia la vivió en San Gabriel, no que naciera aquí, Juan nació en Sayula, aunque él ha mostrado una como indiferencia hacia Sayula, no sé por qué... Eva su hermana se acuerda de Juanito, dizque sentado en una silla con los pies sobre el asiento, las rodillas levantadas para sostener el libro y ahí está todo el día lee y lee... Y ¿qué había en la casa? Pues casa de ricos: una de aquellas grafonolas con manivela,

> no sé de dónde, pero tenían discos, aquellos discos enormes, gruesos con la voz de Caruso, arias de ópera, alguna cuestión de orquestas europeas, ah, bueno, pues esa era otra diversión de Juan...

La madre de Juan Rulfo fallece cuatro años más tarde. Juan queda huérfano y bajo la custodia de su abuela materna, pero los tiempos siguen siendo difíciles —su hacienda, San Pedro, la quemaron cuatro veces— y ante la que antiguamente era una de las familias más acomodadas de San Gabriel se vislumbra un fantasma de la miseria: "soy hijo de gente adinerada que todo lo perdió en la revolución".

Severiano y Juan fueron inscritos en un colegio atendido por las monjas josefinas francesas, religiosas de una orden que tenía varias escuelas en Jalisco. En 1925, un poco antes de la revuelta cristera y en mucho a causa de ella, el colegio cierra sus puertas. La vida en San Gabriel se vuelve un martirio; las guerras que dividen al pueblo, revolucionarias o religiosas, hacen imposible una vida normal:

> En San Gabriel hice parte de la primaria y cuando la Cristiada nos venimos a Guadalajara porque ya no había escuelas, ya no había nada; era zona de agitación y de revuelta, no se podía salir a la calle, nomás oías los balazos y entraban los Cristeros a cada rato y entraban los Federales a saquear y luego entraban otra vez los Cristeros a saquear, en fin, no había ninguna posibilidad de estar allí y la gente empezó a salirse, a abandonar los pueblos, a abandonar la tierra.

El abandono de las tierras, la despoblación que vivió el campo mexicano después de la Revolución, es un tema constante en la obra de Rulfo, reflejado, por ejemplo, en la imagen del pueblo de Comala. Según el escritor, el abandono era otra de las causas de la decaída de estas tierras: "Cuando la revolución se hacía más fuerte, se concentraba a la gente de esos pueblos en las poblaciones más grandes. Había un abandono que se producía a base de reconcentraciones. La gente buscaba trabajo en otra parte. Después de unos años, ya no regresaban". Pero sería equívoco pensar que el abandono, por ser producto de la Revolución, únicamente se ubica en el contexto de aquella época; nada más lejano de la realidad, pues incluso hoy en día la migración de la gente hacia las ciudades no ha cesado. Así, el periódico Excélsior escribió en julio de 1976:

> Bajó en Jalisco la población del campo: durante los últimos 25 años, la población rural descendió de 57 por ciento a 40 por ciento, debido a la carencia económica del campo, deficiente planeación agropecuaria, créditos insuficientes e inseguridad en la tenencia de la tierra [...]. La preocupación por mejores niveles de cultura y el desarrollo de la industria y el comercio, también son causa del éxodo del campo a las ciudades.

Por un lado, es una consecuencia normal del proceso de urbanización que constituyó un proceso histórico objetivo en muchos países que pasaban por la etapa de modernización (Rusia, China, muchos países de América Latina). Por otro, la falta de control y de planeación respecto al proceso condicionó sus trágicas consecuencias. Pero la pregunta es: ¿Fue esta falta de control algo espontáneo y accidental un error en la estrategia de la modernización? Carlos Monsiváis opina

> que los campesinos siguen mantenidos en la marginalidad y en el olvido programado por la nación (sinónimo de las clases dominantes) y el poder (equilibrio entre la sobrevivencia y la explotación). Marginalidad y amnesia han sido tácticas indispensables en la estrategia de la modernización y el crecimiento capitalista que, a este conjunto tan expoliado, sólo se dirige, con oportunismo semestral, cada vez que es preciso prevenir una conflagración social o afirmar la sólida integración del país.

Pero éste problema visto desde la perspectiva general; sería más interesante y útil verlo desde el punto de vista de un pequeño hombre, un campesino que, tras desaparecer súbitamente su modo de vivir tradicional, se encontró en la gran ciudad. Los habitantes urbanos suelen pensar que las dificultades con que se topan los campesinos que llegan a la ciudad pertenecen exclusivamente al campo; sin embargo, son los problemas de todo el país como un conjunto.

Rulfo apuntaba que "el hombre de allá viene aquí, emigra a la ciudad, y aquí se produce un cambio. Pero él no deja hasta cierto punto de ser lo que fue. Él trae el problema". Y la ciudad crece, acepta nuevos habitantes, los asimila y se divide en dos ciudades: la ciudad tradicional, gente urbanizada de hace muchos años y la ciudad marginada, cuyos habitantes apenas cambiaron su modo de vivir. Y el problema radica en que éstos últimos traen algo del campo. Hasta cierto punto, son campesinos, pues por el solo hecho de radicar en la ciudad no dejan de serlo de la noche a la mañana. Si a principios de la época de la modernización en México —los años cuarenta y cincuenta— estos campesinos aún podían encontrar trabajo en su nuevo ambiente, en las últimas décadas la situación ha cambiado, pues ahora la ciudad industrial ya necesita una mano de obra calificada; los estudios a nivel secundaria se vuelven cada vez más indispensables, mientras que muchos campesinos son analfabetas.

Estos problemas, aunque directamente no están relacionados con la vida de Juan Rulfo, sí resultan de gran importancia para el país donde él vivió; aunque él se preocupaba más por los problemas directos del campo, el problema de una urbanización caótica también era de su interés: "Pero todo eso venía al caso de que me interesa la ciudad de México en el aspecto más bien de inmigración. No es el aspecto económico, sino, tal vez, el impacto psíquico, el shock que reciben al querer adaptarse a un medio hostil, que a veces los rechaza y a veces los absorbe". Muchos habitantes urbanos de hoy son los campesinos de ayer, razón por la cual sería equívoco no prestar a este asunto el reconocimiento que merece.

Cerrando este paréntesis, volvamos con Juan Rulfo, quien está a punto de comenzar su viaje solitario por el mundo.

"Solo entre los demás"

Así pues, el camino de Juan Rulfo por el mundo comienza. Al niño lo mandan al orfanato (según otras fuentes, colegio con internado) Luis Silva, en la capital tapatía. Nacido en un ambiente hostil, en una región devastada por la revolución pero en una familia afectuosa, a la corta edad de diez años Rulfo se halla solo, sin un centavo, rodeado por otros niños con la misma suerte. Un compañero del orfanato recuerda que aquellos que tenían dinero, además de la usual ración que consistía en sopa, carne echada a perder y cuatro tortillas, comían pan y leche. Levantaban a los niños a las cinco para rezar el rosario, hacer el aseo y desayunar. Una vida solitaria y hosca. Y muy pobre:

> Los sábados comíamos mejor, pues nos daban las migas del hotel Fénix, los desperdicios, y a comer rico. Juanita García era entonces la directora del colegio. Los sábados, para poder salir a ver nuestros familiares, teníamos que espulgar bien las camas y dejarlas libres de todo bicho. El compromiso era entregarle a Jacoba la criada, todos y cada uno, diez chinches; a veces, cuando la cama era nueva, pues teníamos que comprárselas a los compañeros. Eso teníamos que hacer.

Al colegio mandaban a muchos jóvenes de medianos recursos (aunque no sólo de medianos: su ex compañero Luis Gómez Pimienta[6] contaba que "había ahí muchachos des-

---

[6] Gómez Pimienta fue el compañero de clases desde el tercero hasta el sexto de primaria en el orfanatorio *Luis Silva*, compañero de dormito-

calzos, de huarache y de zapatos, nosotros éramos de zapatos"). Rulfo ingresa a tercero de primaria; debido a la escasa alimentación en el Luis Silva, los parientes de los internados pagaban una cuota adicional para que los muchachos tuvieran un vaso de leche extra. Recuerdan que Juan era muy pulcro, tenía ropa sencilla pero limpia; no solía salir con otros niños para jugar durante el recreo en el patio central, prefiriendo quedarse solo. El internado fue regido con mano dura; eran comunes los castigos corporales. La maestra de Juan, Mercedes Esparza, tenía una regla de un metro de largo y, cuando tenía que regañar a un niño, llamaba al otro para encomendarle el castigo: tres golpes fuertes. Si el niño no aplicaba la fuerza necesaria, cambiaban los papeles y ahora a él le tocaba recibir tres reglazos por el primer alumno. Una vez, recuerda Esparza, cuando a Rulfo le tocó golpear a Gómez Pimienta, "le dio fuerte y ahí acabó todo".

Mientras tanto, la muerte continúa recogiendo su cosecha alrededor de Rulfo: al regresar a San Gabriel, éste se entera de la muerte de su abuelo y de sus tíos: "A mi tío lo asesinaron, a mi abuelo lo colgaron de los dedos gordos y los perdió; era mucha la violencia y todos morían a los treinta y tres años. Como Cristo, sí". Esa lúgubre historia encontró el reflejo en el cuento rulfiano que dio nombre a su única colección: "El llano en llamas", cuyo protagonista, pseudorrevolucionario (bandolero, en realidad), cuenta la historia de sus andanzas con el caudillo Pedro Zamora. Este Zamora, en realidad, no fue fruto de la imaginación de Rulfo. Fue un personaje verídico, que devastaba la región donde había nacido el escritor, quemaba haciendas y pueblos, violaba, raptaba mujeres y mataba sin piedad. Al abuelo del novelista, Carlos Pérez Rulfo, le exigía cincuenta mil pesos que éste no tenía; para obtenerlos, Zamora lo colgó

---

rio y vecino de cama. Después de veinte años de separación, se encontraron por casualidad en la capital y a menudo se frecuentaban.

de los pulgares. En consecuencia, Carlos Pérez perdió ambos dedos.

Así que no era de sorprender que Carlos Juan Nepomuceno mostrara el interés por la vida religiosa. Después de salir del orfanato, en 1932, mientras que su hermano Severiano regresó con sus abuelos paternos a San Pedro, Juan entra en el Seminario Conciliar del Señor San José, en Guadalajara, donde permanecería tres años. Entre los estudios del tercer año se encontraba el curso de "Espíritu eclesiástico", con el tema de "Vía purgativa e iluminativa", clase que Rulfo asimiló muy bien. Serrano Ríos incluso afirmaba que esta formación le ayudó en las descripciones del mundo de Comala. El poeta y escritor Adalberto Navarro Sánchez decía:

> Uno de sus maestros, en el seminario, lo fue Manuel de la Cueva, el padre que lo casó inclusive, en el Templo del Carmen... en los (estudios) menores hay dos o tres textos que lo van interiorizando a uno con la noción de la eternidad. Recuerdo unos versículos del Antiguo Testamento que se nos leen en el Seminario referentes a la eternidad: "Cuando digo hoy, ya era ayer y es mañana". Es en esa eternidad, sin tiempo ni espacio, donde sufren los personajes rulfianos. Vea usted qué lejana tradición.

En 1936, Rulfo toma la decisión de abandonar el seminario. Regresa a San Gabriel (que dos años más tarde cambiaría de nombre por Ciudad Venustiano Carranza), donde permanece un par de meses con su abuela materna; reside algún tiempo en Apulco donde, según recordaban los familiares, pasaba mucho tiempo leyendo con la luz de una vela debido a la ausencia de la luz eléctrica; emprende largas caminatas por los alrededores de la localidad, entre ellas el Nevado y el Volcán de Colima; pertenece fiel a sus gustos musicales, escuchando música clásica. Ahí empieza su pasión por la fotografía: incluso obtiene algunos premios en los concursos establecidos por la revista *Jueves de Excélsior.*

Le interesa continuar los estudios, por lo que junto con su primo entra en la Universidad de Guadalajara; apenas empiezan las clases cuando estalla la huelga que duraría un año y medio (algunas cosas en México no han cambiado hasta la fecha: recordemos ni más ni menos la huelga reciente en la UNAM que duró varios meses). Rulfo no puede esperar y decide continuar los estudios en la Universidad Nacional. Apenas tiene veinte años, aunque pareciera haber vivido veinte más.

Así que Rulfo se traslada a la ciudad de México. Su propuesta inicial era estudiar derecho en la Universidad, siguiendo las huellas de uno de sus abuelos; sin embargo, en un principio no le revalidan los estudios de preparatoria y, más tarde, fracasa en uno de los exámenes extraordinarios previos al ingreso: "Llegué a México debido a una huelga de la Universidad de Guadalajara, que duró de 1933 a 1935. En la Preparatoria no me revalidaron los estudios y me iba como oyente a Mascarones"[7]. De suerte que Rulfo ha de abandonar los estudios para comenzar a trabajar. Quizá, esta coincidencia de circunstancias fue feliz, puesto que la carrera de abogado nunca lo entusiasmaba:

> [En México] iba a estudiar leyes aunque no me interesaba la carrera, mi abuelo quería que yo estudiara leyes porque él era abogado y quería que yo utilizara sus libros, su material. Pero no me interesó esa carrera y me pasé a la Facultad de Filosofía y Letras; desgraciadamente (pues habían pasado ya tres años de no tener ningún estudio) no hubo entonces compatibilidad entre los pocos conocimientos que había adquirido y aquellos que me exigían en el examen que me hicieron.

Así es como el joven Juan Rulfo entra a trabajar en la Secretaría de Gobernación como agente de inmigración. Más tar-

---

[7] Rulfo se refiere a la Casa de los Mascarones, la cual en el periodo de 1935 a 1954 perteneció a la Facultad de Filosofía de la Universidad Nacional. Hoy es Centro de Cómputo Académico Mascarones.

de, recordaba que no había mucha variedad de trabajo a la sazón: "todo era burocracia". No sentía pasión por su trabajo: era, admitía, como una tarea policiaca, pues tenía que "pescar" a los inmigrantes ilegales en México, o aquellos que habían cometido algún delito. Entonces, se les deportaba del país. Más tarde, al estallar la guerra en Europa, se ocupó de las tripulaciones de los barcos alemanes e italianos sorprendidos en los puertos de Tampico y Veracruz. Trabajaba y leía de noche; más tarde, su tercer hijo, Pablo, diría que su padre es un ser nocturno. Las únicas dos ventajas que tenía este trabajo para Rulfo eran la gente con que trataba y la libertad para movilizarse. Los tres años que trabajó en Gobernación prácticamente se convirtieron en un largo viaje, cosa que lo convirtió en un gran conocedor de geografía. Así relata el propio Rulfo sus memorias de aquellos tiempos en la plática que sostuvo con un amigo:

> Trabajaba de archivero en la Secretaría de Gobernación ganando 84 pesos mensuales. Vivía en el Molino del Rey con mi tío el Coronel David Pérez Rulfo[8], miembro del Estado Mayor del General Ávila Camacho. [...] Entré a Gobernación con un jalisciense, el licenciado Barba González y tú te has de acordar que Cárdenas cambiaba mucho de gabinete. Entraba Silvestre Guerrero y entraban puros michoacanos; entraba Juan de Dios Bojórquez y entraban puros sonorenses; entraba García Téllez y entraban puros guanajuatenses, y todos nos cesaban. Había en Gobernación tres archivos: el demográfico, donde estaba Jorge Ferretis; el del registro de extranjeros, donde estaba Gamio, y el de migración, donde yo estaba con Efrén Hernández. Descubrimos que a los recién llegados les interesaban los mejores pues-

[8] De la casa de su tío Rulfo apunta en 1985: "el Molino del Rey [...], escenario que fue de una batalla durante la invasión norteamericana de 1847 y hoy es cuartel de guardias presidenciales junto a la residencia de Los Pinos. Mi jardín era todo el bosque de Chapultepec. En él podía caminar a solas y leer".

> tos y no los archivos para no quedarse archivados con sueldos insignificantes y por eso nos salvamos.

Un dato biográfico interesante y de mucha importancia: fue precisamente este tío David Pérez Rulfo quien le recomendó al novelista cambiar el apellido restándole los dos anteriores[9] por el tercero, Rulfo, que era el menos común y podía contribuir a la fama de su sobrino.

Un recuerdo interesante, de Blas Galindo, ex compañero del escritor, está relacionado con el regreso de Rulfo de la casa de su tío en una ocasión: "Un día regresó Juan vestido de militar, muy guapo, con su espadín y toda la cosa... pero no, no era para él. Él mismo dijo que no era para eso... Pero se sentía mucho y se veía muy bien".

El puesto que ocupó en Gobernación, al igual que su trabajo en el Instituto Nacional Indigenista que ocupara más tarde, le dio la oportunidad de ver el funcionamiento de la burocracia administrativa. Los recuerdos de Rulfo de lo que tenía que hacer en la oficina y del ambiente burocrático están teñidos de ironía:

> [En Gobernación] manejaba el archivo de extranjeros. Recibía órdenes de ocultar algunos expedientes y los guardaba en un cajón secreto. Inventé un sistema de clasificación que no era alfabético y del que yo sólo tenía las claves. Debían recurrir a mí forzosamente. Bueno, era pura maña, porque vivíamos en las transas y hasta que allá arriba no aflojaban la lana, no aparecían los expedientes. Recuerdo que tuve desaparecido al norteamericano dueño de la estación radiodifusora XEX de Reynosa. Esta estación tenía 500 mil kilovatios de potencia e interfería con todas las estaciones norteamericanas. Los gringos pretendían decomisarla. Le sacaron mucho dinero y finalmente lo dejaron hasta sin radioemisora.

---

[9] En el acta del Registro Civil de Sayula aparece: Juan Nepomuceno Carlos Pérez Vizcaíno. En el acta de bautismo el nombre sufre pequeña transformación: Carlos Juan Nepomuceno Pérez. En los datos de ingreso al Seminario de Conciliación en Guadalajara vemos ya otro nombre: Pérez V. Juan.

Al llegar a la ciudad de México, Rulfo ya está deseoso de escribir. Aunque no logra entrar en la Universidad, asiste en calidad de oyente a las clases que imparten Carlos Gonzáles Peña, Vicente Lombardo Toledano, Julio Jiménez Rueda y el mismo Antonio Caso. Pero, quizá, lo más importante es que entra en un círculo literario, formado por José Luis Martínez, Alí Chumacero y Manuel González Durán, quienes comparten sus preferencias en literatura: se habla de los escritores rusos Vladimir Korolenko, Leonid Andreyev, Chéjov, Bunin y Pilniak, de los noruegos Knut Hamsun y Henrik Ibsen, así como de la sueca Selma Lagerlöf.

En este tiempo, por primera vez intenta escribir, creando una novela en tercera persona, titulada *El hijo del desaliento* (de acuerdo con algunas fuentes, *El hijo del desconsuelo*), que nunca fue publicada, salvo un fragmento. Esa novela en parte autobiográfica o, al menos, basada en los acontecimientos de su propia vida aplicados a otras personas, se trata de la soledad y surge en un ambiente de soledad, pues Rulfo no tenía a nadie en el Distrito Federal. La escritura se convirtió para él en un recurso para romper el silencio que lo rodeaba; después de horas de trabajo cogía la pluma y se ponía a hablar con su soledad a través de las líneas de la novela: "Se puede decir: yo vivía con la soledad. *El hombre está solo.* Y si quiere comunicarse lo hace por medios que están a su alcance". Era como hablar solo, como un soliloquio interno, y aunque pudo haber servido como un medio de expresión, como la explicación dada a sí mismo, carecía de la fuerza interna, "no convencía", según las palabras del propio autor. El crítico literario español José Carlos González Boixo apunta que "tal vez, esa soledad siempre se había hecho demasiado ominosa en aquellos días, tiñendo de autobiografismo e hipersensibilidad su primera creación literaria". Y no es algo que apenas surge durante su vida en la capital; si Rulfo escribía, era, según él, porque "quería desahogarme por ese medio de la soledad en que había vivido, no en la ciudad de México, pero desde hace muchos años, desde que estuve en el orfanatorio". Además, no decía las cosas tal como Rulfo las quería expresar; abundaba en giros burocráticos, en un lenguaje demasiado ampuloso: "De eso se trataba en esa novela que yo destruí, porque estaba llena de retórica, de ínfulas académicas sin ningún atractivo más que el esteticazo y lo declamatorio, en su lenguaje, del cual me daba exactamente cuenta". Lo que no quería el escritor era expresarse como un libro escrito; le llamaba la atención la lengua viva, verdadera. (Esta tendencia del autor mexicano de crear un lenguaje verosímil se refleja incluso en los nombres de los personajes en su narrativa; decía Gabriel García Márquez, gran admirador de la obra de Rulfo, que éste "compone los nombres de sus personajes leyendo lápidas de tumbas en los cementerios de Jalisco"). Y en esta tarea —hacer que sus personajes hablen en un lenguaje natural— no fracasó. Un campesino nunca es retórico; su habla es lacónica, casi escueta. El escritor admitía que nunca se había propuesto aprender a hablar como hablan ellos. Antes bien, era algo que lo rodeaba cuando nació; sólo era necesario "despertar" este modo de decir las cosas, recordarlo, pues de alguna manera, siempre había estado presente: "Tal vez oí su lenguaje cuando era chico pero después lo olvidé, y tuve que imaginar cómo era por intuición". En su narrativa, Rulfo logró no sólo imitar el habla de la gente de su pequeña patria, sino vivificarla, sus personajes no hablan como los campesinos, son campesinos.

En la oficina de la Secretaría de Gobernación[10] entabla amistad muy importante con Efrén Hernández[11], el futuro

---

[10] Es hasta cierto punto irónico que en la Secretaría de Gobernación trabajaron tres autores muy importantes de México: el mismo Rulfo, Efrén Hernández y (más tarde) Sergio Galindo.

[11] Clara Aparicio, la esposa de Rulfo, opinaba que la amistad con Hernández fue la más importante para él, incluso más que con Alatorre o

autor de "Tachas", quien le lleva trece años; tiene los mismos criterios que Rulfo; su suerte se asemejaba a la del autor jalisciense: venía de Guadalajara, se había quedado sin padres, se parecía a Rulfo en la manera de ser. Y es a Guadalajara a donde mandan a Juan Rulfo por motivos de trabajo (la razón principal es que muchos extranjeros fueron concentrados en esta ciudad).

Arreola, con quienes intimaría en Guadalajara. De hecho, fue la primera persona que llevó a conocer a Clara después de la boda, diciéndole: "Mira, Clara, te voy a presentar a un verdadero amigo".

De regreso a provincia

A finales de la Segunda Guerra Mundial, Guadalajara se parecía en algunos rasgos a una de las ciudades europeas afectadas por la guerra: raciones limitadas, escasez de algunos productos básicos, como leche o gasolina, mercado negro. Asimismo, miles y miles de campesinos se iban de braceros a Estados Unidos. Pero la pobreza de la vida cotidiana se compensa con la vida artística y literaria. Es ahí donde vive el joven Juan José Arreola que aún no había publicado nada, al igual que Rulfo. Reunido con otros aficionados a la literatura, el futuro autor de *Confabulario* participa en la publicación de la revista *Eos* ("Alborada"), donde se publicaría su primer cuento. *Eos* tuvo una vida corta para una revista, pues apenas se publicaron cuatro números. Lo importante de esta publicación es que alrededor de ella se reunió a un grupo de escritores y artistas, a la cual con el tiempo se agregó Rulfo. Se comentaba todo lo relacionado con el mundo de las artes: libros, películas, música, pintura.

Durante su estancia en Guadalajara, Rulfo vive en la casa de una tía, en la calle Morelos; hace caminatas al Parque de la Revolución, lugar de reunión de aquella época, junto con su hermana Eva. En sus días libres, Rulfo toma el gusto por regresar esporádicamente a San Gabriel para platicar con la gente del pueblo, arrieros, campesinos. Como recuerda su hermano, Severiano:

> Platicaba él mucho, en las noches, con los rancheros, los mozos y los vaqueros. Con los arrieros que iban o venían de Sayula o de Zapotitlán, también debió platicar mucho. En-

> tonces había mucho movimiento allí. Había mesones, comercios y fondas. Yo llegaba cansado a acostarme y él se quedaba platicando.

Lo que más le interesa son las historias que ellos narran y el lenguaje en que lo hacen. Se está gestando en él el deseo de escribir cuentos; ya sabe que necesita contar algo pero continúa buscando el qué y el cómo. En un futuro, estas pláticas con los campesinos y rancheros jaliscienses de carne y hueso le serán de gran ayuda para recrear un ambiente verosímil de la vida en el campo. El historiador literario Sergio López Mena apunta al respecto:

> Rulfo anida la idea de escribir cuentos, pero no quiere hacerlo como tantos otros narradores que más que nada redactan ensayos filosóficos o historias de hechos comprobables. Él pretende escribir sin hacerse presente, narrar historias verídicas que no hayan sucedido, crear nuevas realidades, no reproducir las ya existentes. Está convencido de que hay tres pasos en la elaboración de un cuento: la creación del personaje, la construcción del ambiente y la adecuación del lenguaje, y se entrega a la realización de estas etapas.

En este periodo, Rulfo trabaja en el estilo de sus cuentos. Desaparece el lenguaje artificial y las elucubraciones de sus primeros intentos prosaicos. Los encuentros con los héroes de sus futuros relatos lo hacen ser más reservado en el lenguaje, reflejando el modo de hablar de ellos. Uno de los rasgos distintivos del habla mexicana rural (y a veces, de la ciudad, gracias a la urbanización) es el amplio uso de lo que en el español peninsular —esto es, de España— se consideraría arcaico. En la entrevista a la editorial española "Cátedra", el escritor explica así la presencia de expresiones anticuadas en *Pedro Páramo*:

> [...] Es que el diccionario eliminó muchísimas palabras; es un arcaísmo, nosotros usamos arcaísmos, no los utilizamos

> como arcaísmos, ustedes han eliminado muchas palabras del diccionario; a veces, ponen alguno, pero ponen "palabra arcaica"; por ejemplo, en el *Diccionario de la lengua castellana* de Covarrubias, todavía hay esas palabras, pero aquí [en España] piensan que los arcaísmos no deben usarse, pero allá se usan, son de uso común porque los que fueron a enseñarnos el idioma eran producto del Siglo de Oro, siglo XVI; entonces, todavía se usan, para nosotros no existen arcaísmos.

Antonio Alatorre, el amigo de Juan José Arreola, recordaba que ellos dos a menudo visitaban a Rulfo en su oficina; en aquel entonces el escritor trabajaba "en algo vagamente relacionado con Aduanas". Juan Rulfo tenía una gran biblioteca ("tenía en su casa gran cantidad de libros, yo diría que cuanta novela inglesa, norteamericana, francesa y alemana llegaba en traducciones", recuerda Alatorre) y muchos discos de música clásica que los tres escuchaban en el tocadiscos de Rulfo. Sus pláticas giran más bien en torno a la música más que a la literatura. Tanto Alatorre como Arreola ignoraban que su nuevo amigo además escribe cuentos, pues sólo conocían de él que era un burócrata de poca importancia pero aun así un hombre muy poco común. Cuenta Antonio Alatorre:

> Su permanencia en Guadalajara fue parte de este trabajo, lo mandaron, lo nombraron delegado o algo [...]. Hasta eso no delegado, fue siempre un empleado muy subalterno, ganaba una miseria, además. Fue cuando lo conocimos. Y en esos momentos, algo especialmente hermoso, porque el intendente de la secretaría hace un memorándum al jefe de la oficina [...] donde acusa al ciudadano Juan Pérez Vizcaíno —en esa época todavía no se llamaba Rulfo— de que al salir del trabajo a las seis de la tarde cortó una rosa en presencia del policía, lo que comunica a usted para la sanción a que haya lugar. Es un documento realmente muy hermoso esta amenaza de castigo. Solían rebajar un día de sueldo por llegadas tarde, pero parece que lo de la acusación de la rosa no impresionó mucho al jefe de la oficina, no hay en el expediente señales de sanción.

A pesar del fracaso de su primer intento por publicar una revista literaria, Alatorre y Arreola no se entregan a la desesperación. Así, en 1945 aparece en la capital tapatía la segunda revista de este tipo, titulada *Pan, Revista de Literatura*. Se publican prosa, poesía, ensayos. Cuál sería la sorpresa de los dos editores cuando a pocos días después de la publicación del primer número, Rulfo les entregó unas cuantas cuartillas mecanografiadas. En palabras de Antonio Alatorre:

> Puso en nuestras manos unas cuartillas y, como desentendiéndose del asunto, con aquella como brusquedad tan suya, nos dijo que ahí teníamos esa cosa, por si nos servía; y que si no, la tiráramos. Era el cuento "Nos han dado la tierra". ¡Vaya que sí fue sorpresa! Ni Arreola ni yo sabíamos que Rulfo escribiera, y eso que lo conocíamos desde hacía meses.

"Nos han dado la tierra" aparece en el segundo número de *Pan*, publicado en julio de 1945. La publicación de la revista continúa, pero para octubre del mismo año se hace evidente la ausencia de materiales; además, Arreola parte a Francia, atraído por el renacimiento de la vida cultural en el país galo a raíz del fin de la Segunda Guerra Mundial. Alatorre se queda solo e invita a Rulfo —quien acaba de entregar un nuevo cuento, "Macario"— para trabajar como coeditor de la revista.

Los primeros pasos

Para fines de año, Rulfo y Alatorre residen en México, razón por la cual no sale el número de diciembre de *Pan*. Muy pronto esta revista, que según los críticos literarios tuvo gran impacto en la vida cultural del país, dejaría de existir. Para los interesados en la trayectoria profesional de Juan Rulfo, la importancia reside en la que fue una de las primeras publicaciones en dar a conocer al público la narrativa de este escritor jalisciense.

¿Por qué, entonces, dicha publicación no fue la primera? Un mes antes de la aparición de "Nos han dado la tierra" en *Pan*, la revista *América*, de la ciudad de México, había ofrecido a sus suscriptores el cuento de Rulfo "La vida no es muy seria en sus cosas". Fue su ya mencionado amigo, Efrén Hernández, quien llevó a los editores de *América* el cuento; era el único que sabía de la recóndita actividad literaria de Rulfo. (Cabe mencionar que el cuento adolecía de las mismas imperfecciones que el primer intento de novela, relacionadas con el estilo). Con todo, el trabajo del joven escritor llama la atención de los editores, de manera que le piden más cuentos. Rulfo les entrega los cuentos que meses antes publicó en *Pan*, "Nos han dado la tierra" y "Macario". Los publican con cambios insignificantes en 1945 y 1946. Marco Antonio Millán, el director de *América*, escribe acertadamente en el mismo número de la revista:

> Descubierto y estimulado desde hace tres o cuatro años por Efrén Hernández —quien lo ha puesto en contacto con los animadores de esta Revista—, Juan Rulfo se ha distinguido desde sus primeras letras publicadas, por una fresca senci-

> llez soleada de tierra provechosamente llovida y por una hondura de visión poco comunes en nuestro medio literario, dentro del cual habrá de ocupar tarde o temprano el puesto que le van ganando sus pensamientos.

Un año más tarde, Rulfo publica otro cuento en la misma revista: "Es que somos muy pobres" que también formaría parte de *El llano en llamas*; en 1948, vio la luz otro cuento más, "La Cuesta de las Comadres". Efrén Hernández apuntaba:

> Nadie supiera nada acerca de sus inéditos empeños, si yo no, un día, pienso que por ventura, adivinara en su traza externa algo que lo delataba; y no lo instara hasta con terquedad, primero, a que me confesase su vocación, enseguida, a que me mostrara sus trabajos y a la postre, a no seguir destruyendo.

El último año cuando Rulfo trabajó en la Secretaría de Gobernación fue 1945. Sin embargo, a pesar de la precaria situación económica, conoce a alguien que le alegraría la vida en los años venideros. Clara Angelina Aparicio Reyes, su futura esposa, a quien éste con cariño le decía *Chachinita*. Concedemos la palabra a la compañera de vida del escritor jalisciense para conocerla a ella y la relación que llevaban:

> Yo era una niña, y luego una muchacha cuya vida se desarrollaba alrededor de su familia; iba a la escuela y convivía con las amistades del rumbo, pero principalmente con mis tres hermanas, y nos las ingeniábamos para hacer muchas cosas en la casa sin necesidad de salir a la calle. [...] Ésa era yo cuando Juan me conoció, aunque no yo a él. Yo lo conocí dos años después, cuando estudiaba en la academia y tenía amistad con muchachos de mi edad. Pero yo era una muchacha exigente a la que le gustaba que la trataran con respeto y Juan, con todas sus atenciones, su actitud respetuosa, su trato delicado tan diferente a todos, se convirtió en un ideal para mí. Me gustaba caminar junto a él escuchando su conversación.

Cuando se conocieron, Rulfo ya había escrito y destruido su primera novela; Clara Aparicio confesaba que sentía en él a una persona que seguía buscando seguir su camino, al mismo tiempo queriendo establecer y consolidar una vida común con ella.

Juan Rulfo.

Ciudad de México

A los 32 años Rulfo entra a trabajar en *Goodrich Euzkadi*, una compañía fabricante de llantas de hule, donde trabajaría hasta 1954. Desempeña la función del fiscal de los obreros —capataz, según sus propias palabras—. Esta experiencia lo ayudará a ver la sumamente difícil situación en la que se encontraban "sumidos en la sombra, hecha más oscura por el humo", como escribía en una carta a su novia Clara. Rulfo conocía la insufrible vida de la gente del campo, pero éstos, a pesar de llevar una vida dura y llena de privaciones, al menos conservaban un contacto con el campo, con la tierra. La situación de los modernos esclavos, en cambio, convertidos en máquinas, o en prolongación de máquinas, resultó una experiencia inclusive traumática para el escritor. (Sin embargo, ningún obrero protagonizaría la narrativa de Rulfo; son los personajes de su infancia que le darán inspiración en su obra). Lo único que le daba alivio era su novia: "Y sólo el pensamiento de que tú existes me quita esa tristeza y esa fea amargura".

Trabajando en *Goodrich*, Rulfo no deja de escribir; entrega más cuentos a *América*, reúne algunos escritos para el Fondo de Cultura Económica, sigue trabajando en la novela. El vínculo que lo une a Clara y a los intelectuales en torno a la revista *América* es lo único en su vida, llena de tristeza y soledad. Lee mucho, escucha música clásica, sale de paseo al Ajusco, al Popocatépetl o al Nevado de Toluca[12].

---

[12] Una parte de la vida de Rulfo poco conocida es su gran pasión por el alpinismo. Era capitán de batallón de rescate de los alpinistas mexi-

Ahí continúa y se desarrolla aún más en su pasión por la fotografía: al final de su vida, Rulfo dejó más de seis mil negativos. Ya el mero volumen de su legado fotográfico nos puede explicar que no era sólo un pasatiempo. El destacado fotógrafo Nacho López comentaba: "Manejé su archivo; sus negativos estaban perfectamente cuidados y limpios; también platiqué con él sobre fotografía: tenía una gran cultura cinematográfica, conocía a los mejores fotógrafos del mundo y opinaba sobre ellos como todo un profesional". Desgraciadamente, sus trabajos fueron prácticamente desconocidos durante su vida; sólo participó en una exposición, en Bellas Artes. Sin embargo, en 1980 se editó un libro con motivo a un Homenaje Nacional al escritor, que reunía cien fotos capturadas en el periodo entre 1940 y 1955.

"Barda de Adobe", ca. 1950, plata sobre gelatina, fotografía de Juan Rulfo.

---

canos; encabezaba las operaciones de rescate de accidentes aéreos. Siempre que se perdía gente en los volcanes, Rulfo organizaba búsquedas, como relata Eraclio Zepeda.

Volviendo a los años cuarenta, la cuidad de México, llena de gente desarraigada, le da poco consuelo a Rulfo en su soledad: es la provincia que aún lo atrae. Sufre, además, por no estar Clara a su lado.

En 1947 finalmente contrae nupcias con su novia, ahora Clara Aparicio de Rulfo. Este mismo año le dan el puesto de agente de ventas foráneas en *Goodrich*. Viaja por todo el país; Eraclio Zepeda contaba que Rulfo era un buen chofer y conocía perfectamente los caminos; incluso en los años treinta y después otra vez en los setenta pretendió publicar una revista que se llamaría *Mapa*. En febrero de 1948 nace su primera hija, Claudia[13]. Se publican sus fotografías en *América*, revista donde sigue publicando sus cuentos: "Talpa" en 1950, "El Llano en llamas" en el mismo año y, por último, "¡Diles que no me maten!" en 1951, dos años después del nacimiento de su segundo hijo, Juan Francisco. Como vemos, para el crecimiento de Rulfo como literato, *América* fue mucho más importante que la revista donde colaboró en Guadalajara. Recuerda Marco Antonio Millán: "Juan crecía en tanto le publicábamos poco a poco todo *El llano en llamas*".

En 1953 vio la luz la recopilación de sus cuentos, llamada *El llano en llamas*, que constaba de quince relatos (en la última edición ya aparecen diecisiete). No figuran entre los cuentos de la edición original "El día del derrumbe" ni "La herencia de Matilde Arcángel" que se publicarían por primera vez en 1955; en 1970, Rulfo lo incluiría en la cuarta edición de *El llano en llamas* la cual, paradójicamente, no incluirá uno de los relatos que formaba parte de la edición original, "Paso del Norte".

En el mismo año de 1953, siguiendo su trayectoria artística, se inscribe al Centro Mexicano de Escritores, fundado en 1950, junto con escritores como Juan José Arreola, Alí

[13] El matrimonio Rulfo tuvo cuatro hijos: ya mencionada Claudia (1948), Juan Francisco (1949), Pablo (1952) y Juan Carlos (1975).

Portada del libro "El Llano en Llamas".

Chumacero y Ricardo Garibay. El Centro le asigna una beca para escribir *Los murmullos* (el título tentativo de *Pedro Páramo*). Los miércoles por la tarde los becarios se reúnen para leer y criticar sus textos en una casa localizada sobre la avenida Yucatán, donde presidían la directora del Centro Margaret Shedd y el coordinador Ramón Xirau. Muy pronto, el título de la futura novela sufre cambios; en un informe de actividades referentes al periodo del 15 de agosto al 15 de septiembre, apunta: "He escrito varios fragmentos de la novela que pienso denominar *Los desiertos de la tierra*". Un año después entrega al Centro las ciento veintisiete páginas mecanografiadas de la novela, con algunas correcciones a mano, que había retomado su título inicial: *Los murmullos*.

En 1955 se publica la única novela de Juan Rulfo, *Pedro Páramo*, que lo convertirá en uno de los más grandes de la literatura latinoamericana aunque, desgraciadamente, no en el escritor más conocido en el extranjero. Pero hasta en su país la reacción de la crítica fue, en el mejor de los casos, ambivalente, como apunta Domingo Miliani:

> Los juicios alrededor de la obra fueron muy disímiles; la controversia y la discusión diaria en periódicos y revistas, en tertulia o cátedra, tejieron una maraña de opiniones alrededor de autor y la obra. Hasta hubo quien le negara a Rulfo la

> paternidad del libro. La estructura hallaba reparos; es que no se parecía a las armazones tradicionales de una novela; y uno de los más atinados críticos en el juicio relativo al estilo y aprovechamiento de recursos de lenguaje popular, encontró defectuoso el modo de entrabarse los episodios.

Quizá lo que desconcertó a la crítica fue la introducción de una dimensión fantástica a la novela supuestamente realista, de la novela de la Revolución Mexicana. El mismo Rulfo escribió:

> No tengo nada que reprocharles a mis críticos. Era difícil aceptar una novela que se presentaba, con apariencia realista, como la historia de un cacique y en verdad es el relato del pueblo: una aldea muerta en donde todos están muertos, incluso el narrador, y sus calles y campos son recorridos únicamente por las ánimas y los ecos capaces de fluir sin límites en el tiempo y en el espacio.

Hasta la reacción de su amigo Alí Chumacero fue negativa; en la *Revista de la universidad* éste comentaba que a la novela le faltaba un núcleo al que concurrieran todas las escenas. Juan Rulfo reaccionó así ante esta crítica: "Pensé que era algo injusto, pues lo primero que trabajé fue la estructura, y le dije a mi querido amigo Alí: 'Eres jefe de producción de Fondo y escribes que el libro no es bueno'. Alí me contestó: 'No te preocupes, de todos maneras no se venderá'. Y así fue: unos mil ejemplares tardaron en venderse cuatro años. El resto se agotó regalándolos a quienes me lo pedían". El mismo Rulfo poco sabía al escribir y entregar la novela de su destino: "Cuando escribía en mi departamento de Nazas 84 [...], no me imaginaba que treinta años después el producto de mis obsesiones sería leído incluso en turco, en griego, en chino y en ucraniano. El mérito no es mío. Cuando escribí *Pedro Páramo* sólo pensé en salir de una gran ansiedad. Porque para escribir se sufre en serio"[14].

---

[14] Elena Poniatowska agrega algo a esta idea de que el oficio del escri-

Desde mediados de los años cincuenta hasta su muerte, el autor, quien durante esos años trabajaría en el Instituto Nacional Indigenista, anunciaba que estaba terminando la novela titulada *La cordillera*. Ésta nunca se publicó; la única creación literaria de la pluma de Rulfo que fue publicada es un libro de guiones de cine *El gallo de oro* (1980), escritos entre 1959 y 1964. Aclararemos más la cuestión de su actividad como guionista en el capítulo "Rulfo y el cine".

A partir de 1964 Rulfo es nombrado asesor literario del Centro Mexicano de Escritores.

En 1963 comienza a trabajar en el Departamento de Publicaciones del Instituto Nacional Indigenista. Aunque vive una cierta vida cultural (por ejemplo, viajes a diferentes países), sus actividades se limitan al trabajo editorial en este centro ("de las nueve de la mañana a las tres de la tarde y de las cinco a las ocho de la noche"). Son de particular interés algunos de sus apuntes sobre este sector de población totalmente inexistente en la vida pública, callados, "millones de indios tristes y feos", publicados en un libro póstumo intitulado *Los cuadernos de Juan Rulfo*. Reproducimos aquí algunos de ellos que consideramos importantes:

> En México, como todos sabemos, hay aproximadamente tres millones quinientos mil indígenas agrupados en 29 comunidades más o menos grandes, más o menos pobres. [...] En realidad una gran mayoría de mexicanos ignora la existencia de esa gran minoría de indios y, sobre ignorarlos, está más bien el desprecio o un completo desinterés por sus condiciones miserables. [...] El hecho de que vivan tantos indios en un país donde los recursos económicos han alcanzado niveles cada vez más elevados, parece inconcebible y hasta desconcertante para una gran mayoría de mexicanos.

---

tor nunca es una diversión sino un constante y torturador proceso: "En una [cena], la admiradora más ferviente se acercó para preguntarle: 'Señor Rulfo, y ¿qué siente usted cuando escribe?' y casi sin levantar los ojos Rulfo gruñó: 'Remordimientos' ".

> Los indígenas fueron cazados como animales salvajes a todo lo ancho y largo de pampas y cordilleras. De multitud de ellos ya no queda ni el recuerdo. [...] Para los aztecas y para todos los pueblos de Mesoamérica, la base de su vida y acciones era fundamentalmente religiosa, así que los frailes franciscanos obtuvieron logros sustanciales entre aquellos indígenas, los cuales, congregados en forma considerable, fundaron sobre las ruinas y con los materiales de sus propios templos, conventos e iglesias donde los monjes iniciaron la conquista espiritual de la Nueva España.

Cuando en 1968 se encadenaron los acontecimientos que llevarían a la matanza de Tlatelolco, Rulfo no podía apartarse del movimiento. Jan Lechner, el traductor de Rulfo al holandés, recordaba: "En 1968, en la última semana de agosto, durante un periodo muy tenso de rebeldía estudiantil que daría como resultado la masacre de Tlatelolco el 2 de octubre, encontré a Juan Rulfo: un hombre frágil, con una voz suave y con ojos penetrantes. Su hijo mayor, como él, estaba involucrado directamente en la revuelta de los intelectuales". El mismo escritor afirmaba al respecto del rol que jugaron los intelectuales mexicanos en los hechos trágicos: "[...] se han portado muy bien en los últimos años. Sobre todo desde el 68, cuando nos lanzamos a la calle contra el Gobierno. Todos los intelectuales se portaron muy bien, vi que era gente con la que se podría contar para luchar contra la injusticia, contra las malas leyes, contra la mala leche del Gobierno ¿no?, con el imperialismo, contra todas esas cosas".

Son de particular interés algunas de las reacciones que mostró Juan Rulfo al enfrentar su país unas de las catástrofes más lúgubres de su historia reciente. Así, algunos lectores se acordarán de la tragedia que estalló casi dos años antes de la muerte del escritor, el 19 de noviembre de 1984 en la colonia de San Juan Ixhuatepec, al norte de la ciudad de México. En resumen, debido a la rotura de una tubería en una planta de almacenamiento y distribución de gases licuados del petróleo (GLP) se formó una nube de vapor inflamable que entró en ignición, lo que dio comienzo a una serie de tremendas explosiones en cadena; la tragedia reclamó la vida —según las fuentes oficiales— de unas 600 personas y dejó más de 2.500 heridos. Rulfo escribió a propósito de las explosiones:

> Se ha respondido a la tragedia mediante una movilización solidaria capaz de mostrar que no todo es corrupción e ineficiencia entre nosotros. Las víctimas de Ixhuatepec encarnan una tragedia mucho más vasta, la inmigración campesina.

En otra ocasión, el temblor de 1985 que sigue estando muy vivo en la memoria de muchos, Rulfo comentaba que:

> De inmediato, desde el primer momento, obedeciendo a un extraordinario sentimiento colectivo, los sobrevivientes se lanzaron a las tareas del rescate, la inmensa mayoría de ellos sin más medio que sus manos, su emoción y, en casos, incontables, su heroísmo. Una de las ciudades más pobladas y más extensas del mundo se volcó a los lugares donde los sismos la habían herido de muerte.

Pablo Rulfo, hijo del escritor, en una entrevista contaba que cuando había ido a París, becario de un taller artístico, él y su padre prácticamente no se escribían. Su relación era diferente, más silenciosa, donde las cartas no podían desempeñar ningún papel importante: "Nos quedábamos viendo, así, como alertas, como dos animalitos, para tratar de adivinar lo que pensaba el otro". Pero eso no significa que Rulfo no quería mantener relación alguna con sus hijos; incluso en 1981, cuando Televisa lo invitó al Congreso de La Lengua en la Universidad de Salamanca, el novelista jalisciense declaró a la revista *Proceso* que la única razón para aceptar la invitación fue porque quería ver a su hijo, Pablo, visita que resultó muy importante para ambos. Cuenta Pablo: "Sí, fue a verme. Entonces me hablaba más. Fue una época, quizá la más tranquila que tuvo. Menos tenso, más abierto. Una vez nos quedamos dormidos dos días. No salimos para nada, ahí nos hacíamos de desayunar, de comer. Ahí me di cuenta de cómo entenderlo".

Hacia 1985, la salud de Rulfo está quebrantada debido a varios vicios que padecía. Fumaba mucho y sin parar ("Así era él —dice su hijo Pablo—. Su cafecito, su Coca-Cola, sus cigarros *Pall Mall, Camel, Lucky Strike, Delicados*"[15]). Lo más grave es que durante veinte años padeció de alcoholismo, aunque pocos sabían de eso. A principios de 1985, lo operaron en Nueva York de los ojos, para extirparle una catarata e injertar una retina. En agosto del mismo año se le detectó cáncer pulmonar; los familiares decían que su estado se agravó a partir de entonces. Además —comentaban—, estaba muy decepcionado por no haber recibido aún el Premio Cervantes.

El 7 de enero de 1986 el periódico *Excélsior* apareció con la siguiente nota fúnebre: "El escritor mexicano Juan Rulfo falleció ayer víctima de una paro cardiaco a la edad de 67 años. Murió en su casa en las calles de Felipe Villanueva, Guadalupe Inn. Desde hace tiempo estaba afectado de cáncer pulmonar".

El 9 de enero de 1986 se llevó a cabo una ceremonia en el Palacio de Bellas Artes. Amigos, colegas, admiradores se congregaron allí para dar un reconocimiento silencioso a uno de los escritores más grandes no sólo de México, sino del mundo del habla hispana. A las 13:30 horas se presentó para dar su pésame el embajador estadounidense John Gavin —quien en 1966 protagonizó la versión de *Pedro Páramo* realizada por Carlos Velo—.

Octavio Paz, un antiguo admirador de la obra de Rulfo, dijo: "Desde que leí a Rulfo lo admiré, fui uno de los prime-

---

[15] "Porque los demás no me saben a nada", explicaba.

ros en escribir sobre su obra y a mí me tocó contribuir a su conocimiento en el extranjero, primero en Estados Unidos y después en Francia".

Fernando Benítez expresó que "aunque teníamos la seguridad de que Rulfo no escribiría más, nos queda su segunda vida que inicia hoy para recordarlo. Lo que lamento más es la ausencia de uno de los hombres más humildes que he conocido. Es una pérdida sensible porque éste es un país de odios y rencores". Sobre la aportación del desparecido escritor en la literatura mexicana y universal, opinó: "Queda la obra más extraordinaria que se ha hecho en el terreno del cuento y la ficción dentro de las letras mexicanas. Él se adelantó al realismo mágico de la literatura mexicana".

Posteriormente en el transcurso de la ceremonia, Fernando Benítez solicitó al entonces presidente De la Madrid que los restos de Rulfo fueran enterrados en la Rotonda de los Hombres Ilustres. Pasó casi un año (como dijo Carlos Monsiváis, "también hay purgatorios para la fama") antes de que los restos del escritor fueran finalmente trasladados a este lugar.

"El hombre está solo"

Sobre el periodo cuando Juan Rulfo estaba de descanso en un tranquilo pueblo de Tonaya, donde residía su hermano mayor, el periodista Felipe Cobián Rosales recordaba: "Era muy retraído, casi no se juntaba con la palomilla, venía de Apulco y se sentaba como a platicar a solas, como a meditar, como a pensar mucho largo en el jardín, por ahí en esas bancas". Esta breve descripción da las señas del carácter solitario y retraído de Juan Rulfo. Aunque hoy en día, sobre todo entre los jóvenes y bajo la influencia de modos de vivir ajenos, la característica de "insociable" puede tener matices negativos, para Rulfo era la norma. Esto de ninguna manera quiere decir que Rulfo era misántropo o "sangrón"; todo lo contrario: sus coetáneos recuerdan que cuando estaba de humor, pasaba horas enteras narrando o dialogando con sus amigos y conocidos. El escritor Eraclio Zepeda, uno de los amigos de Rulfo, decía al respecto de su personalidad:

> Tuve por fortuna la posibilidad de conversar mucho con él, por eso me río cuando se habla de esta caricatura de Juan Rulfo acerca de su silencio eterno, de su mutismo, de su vida interior exclusivamente; me burlo también de aquellos que sin conocerlo nos pintan un ser absolutamente melancólico, negro, cerrado; me río profundamente también, de aquellos que hablan de Rulfo con una familiaridad que yo sé que se la tienen ahora que don Juan... que ya no lo vemos tan seguido como antes. Porque cuando lo veíamos seguido como antes, no recuerdo que ninguno de sus compañeros que ahora hablan con familiaridad de él, se atrevieran ya no a hablarle de tú, sino siquiera a acercarse muchas veces.

Un conocido de Rulfo, el ya mencionado Blas Galindo, quien incluso escribió música para un homenaje del escritor (en 1981), era de una opinión diferente: "Hablar con él era sacarle las cosas con tirabuzón. Un sí, un no y uno quedaba con la duda. Son pocos los seres del mundo que se quedan mudos por voluntad propia... Debe ser de sabios, porque todos solemos decir cosas, a veces son barbaridades, pero no dejamos de decirlas..."

Sea como fuere, el silencio —y el silencio como el eterno compañero e incluso sinónimo de la muerte— definitivamente era un rasgo muy característico de la personalidad del escritor jalisciense, junto con la angustia[16]. Como decíamos, desde los primeros años de la infancia Rulfo vivió rodeado por la muerte en diferentes encarnaciones. No es de sorprender, por consiguiente, que esto haya dejado una huella tan profunda en su alma. La revuelta cristera, con sus crueldades, contribuyó a la lista de las pérdidas que sufrió la familia. Y no sólo de la familia; la Parca fue lo que imperaba en el mundo del niño, sembrando penas y desgracias con generosidad. Se recordaba que Rulfo había presenciado "los monigotes con el rostro ennegrecido meciéndose al viento, con la soga al cuello". Muy joven se queda huérfano de ambos padres —su madre muere en 1927—; debido a la falta de comunicaciones, los hermanos Rulfo ni siquiera pudieron asistir a los funerales.

Tan profunda fue la marca que el destino trágico de su familia dejó en el escritor, que según algunos testimonios vivía con el terror de que sus palabras pudieran meterlo en problemas. Vicente Leñero recuerda que en 1981, a las tres de la mañana, le había hablado Rulfo diciendo: "Te he estado buscando por todas partes. Mira, Vicente, estoy preocupado por ese libro que van a publicar en *Proceso*. No puedo

[16] Si bien Rulfo decía que el escribir era "casi como una necesidad física", reconocía que: "me produce mucha angustia, el papel en blanco es algo tremendo".

ni dormir, de veras. Mi hijo vio que lo estaban imprimiendo... no lo vayan a publicar, por favor"[17].

A diferencia de muchos, no era una figura pública: detestaba las entrevistas, todo el interés en torno a su personalidad. A menudo sus respuestas son breves, muy cortantes, casi rayando en la descortesía. Como decía el ya mencionado Eraclio Zepeda, "hay críticos [...] que creen que los escritores sabemos cosas, y eso es absolutamente falso. Los escritores no saben cosas". Rulfo, quien al parecer era de la misma opinión, se defendía contra estas personas que correteaban a su alrededor tratando de investigar los pormenores de su vida o sus ideas acerca de algo. Entonces, inventaba cosas y se reía viendo cómo el círculo académico entraba en discusiones acaloradas partiendo de premisas falsas.

No le gustaba hablar en general, pues siempre había sido muy reservado. Así, por ejemplo, describe la ya mencionada Clementina Trujillo en cuanto al ambiente familiar en la casa de los Rulfo:

> ...María, la madre de Juan, a pesar de su altísima posición (económica), se veía una mujer humilde en apariencia, hasta retraída. No le gustaba hablar con la gente, cuestión de algún complejo, no sabría decir qué... nunca veía uno que don *Cheno*, como le decían a don Juan Nepomuceno Pérez Rulfo, se acompañara de su esposa, de María. Cada uno por su lado. Y María, como ensimismada. No hablaba con la gente extraña... algo de esto debió quedar en Juan igualito a su madre: póngale que fuera cuestión de herencia. O también de esas cuestiones de inseguridad, de desconfianza que quedan en los muchachos cuando los padres no se llevan bien... y siempre encerrado en las cuatro paredes de su silencio, sin hablar con nadie. Igual, la misma estampa de María...

---

[17] Rulfo se refería a la recopilación de artículos titulada *Rulfo en Proceso*, la mayor parte de los cuales atañía sus declaraciones sobre los militares.

Clementina Trujillo, al igual que su hermana, está segura de que el ambiente de temor y constante preocupación estremecieron al Rulfo niño y dejaron una marca indeleble en Rulfo escritor.

Coincide con los testimonios anteriores las palabras de él mismo acerca de la atmósfera en su propia familia:

> En mi casa no hablábamos, nadie habla con nadie, ni yo con Clara ni ella conmigo, ni mis hijos tampoco, nadie habla, eso no se usa, además yo no quiero comunicarme, lo que quiero es explicarme lo que me sucede y todos los días dialogo conmigo mismo [...].

Y eso hacía; hablaba consigo mismo (merece la pena recordar lo que apuntábamos en cuanto de los primeros días de su estancia en la ciudad de México y de las circunstancias en las que apareció su primera novela, nunca editada), y lo poco que consideró digno de interés de lectores está en su obra. Esta huida del interés periodístico está en un marcado contraste con muchos otros escritores, como menciona Fernando Benítez:

> No cree en la publicidad de que gustan rodearse los escritores, detesta los dimes y diretes del mundillo literario y le molesta que siempre le pregunten por qué no escribe y entonces inventa novelas y dice que está escribiendo para que lo dejen en paz [...].

Como decíamos en el prólogo, Rulfo trató —y no sin éxito— de rodear su vida personal con silencio y enigmas. Hablando de algún aspecto de su historia familiar, a menudo decía una cosa y pronto se contradecía, creando alrededor de sí mismo un indescifrable ambiente de misterio. Así, refiriéndose a su tatarabuelo, comentaba que éste había combatido a los franceses junto con el general Brizuela, lo cual no puede ser verdad, pues el abuelo falleció en 1834.

También afirmaba que se fue a México en 1934 después de la salida del orfanatorio, cosa que tampoco sucedió: desde finales de 1932 Rulfo estaba estudiando en el Seminario de Conciliación en Guadalajara, y no fue hasta 1936 cuando en efecto apareció en la capital. Munguía Cárdenas propone que este episodio en la vida de Rulfo puede explicarse con el hecho de que el tío de éste último, que le proporcionó hospedaje al futuro novelista, era en su época combatiente anticristero y, debido al ambiente anticatólico fomentado por el gobierno en los años treinta y a los antecedentes eclesiásticos del mismo Rulfo, le recomendó que guardara silencio en cuanto a su educación católica. De hecho, no fue hasta la muerte del escritor que apareció la verdad en cuanto a su permanencia en el seminario, cuando su compañero de esta casa de estudios, Ricardo Serrano Ríos, dio a conocer este hecho en un artículo publicado en *Excélsior*. Tampoco hasta una entrevista que sostuvo con Elena Poniatowska se sabía a ciencia cierta el lugar preciso de su nacimiento: ora afirmaba que era oriundo de Apulco, ora decía que había nacido en San Gabriel. Juan José Arreola afirmaba que Rulfo practicaba la mentira como una forma de actividad literaria, poniendo a prueba las producciones de su imaginación infinita: "Yo no sé por qué le gustaba a él eso, despistarlo a uno..."[18]. El mismo Rulfo respondió, aunque indirectamente, con las siguientes palabras:

> El escritor escribe mentiras. Trabaja con la imaginación, y su trabajo es crear a través de la imaginación una realidad que aparenta ser real, pero es mentira. Y ese es el gran riesgo: el escritor crea una realidad a partir de una mentira, pero jamás podrá crear una realidad partiendo de falsedades. Una cosa es la mentira del escritor, otra cosa la falsedad. No puede ser falso.

---

[18] Como un dato curioso, podemos mencionar que la desfiguración de los detalles de su propia vida no es algo raro en algunos escritores;

Juan José Arreola recordaba que al conocer a Rulfo se supo que éste era de San Gabriel, después que era de El Jazmín y en los años posteriores Arreola se enteró de que Rulfo venía de Sayula. Pero para este tiempo Rulfo ya contaba que era de Apulco, porque, en palabras de Arreola, esta población "cumple con mayor perfección el ideal del nacimiento de un niño ranchero, de un niño de campo". Es curioso escuchar y leer a aquellos que esperan que un escritor en curso de una plática les proporcione alguna gran verdad acerca de la vida. En una ocasión, en una plática con los estudiantes de la Universidad de Stanford, un muchacho le preguntó a Rulfo respecto a su cuento "No oyes ladrar los perros": "¿Qué significa, señor Rulfo, la imagen del perro en este cuento?" Rulfo respondió: "Un perro". La literatura no puede enseñar algo, pues no es un reflejo de la realidad. Ni siquiera la literatura realista por excelencia, la novela decimonónica, refleja la realidad. En el homenaje a Juan Rulfo, su amigo y admirador Antonio Alatorre observó: "[...] Los cuentos de Rulfo son mentirosos, no busquemos allí un espejo de la realidad en ese sentido pleno, chato, directo, es una realidad supertransformada y entonces las mentiras son curiosas, por eso una serie de anécdotas sobre mentiras es útil".

Este hermetismo, esta reserva tan propia del pueblo mexicano que muchos disimulamos con máscaras, con alegría fingida o agresividad auténtica, y que para Rulfo el único modo de ser, le costó si no adversidad, por lo menos la animosidad de muchos, pues se sentían con el derecho de saber por qué no escribe el escritor jalisciense. Acostumbrados a encontrar en los escritores la fascinación por el interés en torno a su personas, lo que a muchos no encajaba es que simplemente se sentía mejor en la soledad, cuando

---

así, el novelista ruso Serguéi Dovlátov en su narrativa aparentemente autobiográfica, cita cuatro diferentes versiones de las circunstancias en que había conocido a su esposa.

les decía: "Es que yo he vivido tan a gusto en el anonimato, tan feliz, tan tranquilo que lo dejan a uno, que me volví alérgico a la gente". Hoy en día se han inventado muchas etiquetas: antisocial, misántropo, etcétera, pero el quid está en que Rulfo simplemente no se sentía bien en la multitud. Habrá sido por su infancia amarga, por las costumbres de su región natal, no importa. Rulfo era un hombre muy solitario. "El hombre está solo".

La cordillera: la novela nunca publicada

Resulta muy interesante la cuestión del porqué Juan Rulfo nunca volvió a publicar nada después de *Pedro Páramo*. A pesar de los rumores acerca de su segunda novela (tentativamente intitulada *La cordillera*), rumores que el mismo escritor de vez en cuando confirmaba en las entrevistas (algunos opinan que su único fin era para que lo dejaran en paz[19]), ésta nunca apareció; en una entrevista, afirmaba que la había tirado al fuego antes de entregarla a una editorial argentina. El doctor Luis Gómez Pimienta opina: "Pero él mismo tuvo miedo. Tuvo miedo a la mediocridad. Jamás quiso que se conocieran otras obras porque temía no superar sus dos únicas: *El llano en llamas* y *Pedro Páramo*". Así, salvo un guión para el cine que estudiaremos en otro capítulo, Rulfo se abstuvo de publicar algo en los últimos treinta años de su vida. Ni siquiera un cuento corto; ¿cuál podría ser la razón? Por supuesto que el México de donde era Juan Rulfo, el país que amaba, nunca desapareció del todo sino, quizá, se transformó en otra cosa pero

[19] En la entrevista con el periodista costarricense Carlos Morales, Rulfo afirmaba que tenía casi listo un nuevo libro, compuesto por la novela *El memorial* y varios cuentos; incluso narraba que la demora tenía que ver con el hecho de que había pedido al editor tres cuentos de vuelta para sustituirlos con otros. Hasta donde sabemos, no hay noticias de tal libro; lo más probable es que Rulfo utilizó la historia como un artificio para que lo dejaran en paz. Sin embargo, Pablo Rulfo afirmaba que el libro sí había existido.

seguía existiendo. Tal vez, la clave radica en esta transformación del campo mexicano. Como mostramos en los primeros capítulos, toda la vida —y la obra— de Rulfo estaba estrechamente asociada al campo, pero a pesar de la ausencia aparente del tiempo en su obra, resulta muy fácil descifrar la época en cuestión; es el campo mexicano de los años veinte y treinta que conocía y que podía describir el escritor. El campo donde pasó sus primeros, los más importantes, años de vida: "[...] La infancia es lo que más influye en el hombre. O sea, es una de las cosas que menos se olvidan, que más persisten en la memoria de cualquier hombre", decía Rulfo. El campo mexicano no desapareció, y las injusticias no han desminuido en los años siguientes, pero ya no era lo mismo para él.

Como sabemos, la mayor parte de su vida el escritor vivió en la ciudad, que consideraba ajena, generadora de soledad y aislamiento, de desvinculación. Aunque con sus propios ojos vio las condiciones en que trabajaban los obreros urbanos, su honestidad no le permitió describirlas, pues ni las conocía en su propio pellejo, ni sentía un vínculo con esa gente desvinculada: "No soy un escritor urbano. Quería otras historias, las que imaginaba a partir de lo que vi y escuché en mi pueblo y en mi gente". La gran urbe para él, una persona del campo, era un escenario totalmente ajeno; si bien podía sobrevivir allí, describirlo no quiso o no pudo. En sus propias palabras:

> —Quizá porque vino la moda, el cambio, a la literatura urbana. Si el escritor vive en la ciudad, tiene que plantear los problemas de la ciudad. Yo he vivido 40 años en la ciudad de México, y a mí no me dice nada. Y además, ¿qué ciudad?, ¿qué clase de ciudad?, ¿cuál de todas las ciudades de México, de todos los Méxicos que hay?

Es una postura de un escritor honesto que abiertamente notaba que le resultaban oscuras las cuestiones que le planteaba la masa humana embutida en los límites urbanos, que sus problemas le eran ajenos. Tal vez, esa sea la razón principal de la escasez de su producción artística. Para plantear, gritar, sangrar los problemas de los habitantes urbanos de hoy se necesitaría otro escritor que aún no ha aparecido, lo que confirmaba Rulfo:

> [...] Pero después [de la novela de la Revolución] surgió una generación —ahí tiene lo curioso—, la del 68, de Tlatelolco, muy dolida, y que, sin embargo, no produjo la novela necesaria. Vino una especie de estancamiento, de crisis, de derrota; ya no de fatalidad, sino de apatía; nadie quería hacer nada.

Aunque admitía que escritores como José Revueltas, Carlos Fuentes o José Emilio Pacheco eran autores "con obra seria", se lamentaba de que los de la "onda" (un ejemplo: José Agustín) eran autores "de flamazo", que su obra envejecía rápidamente. Por ejemplo, Juan José Arreola, en su opinión, no pudo avanzar más allá de la imitación de Kafka y Borges. Los "intelectuales", por cierto, nunca llamaron la atención del escritor; lo mismo opinaba acerca de los premios y distinciones: "En primer lugar, debo decir que no creo en los premios. Ni siquiera en el Nobel", aunque fue galardonado con dos premios importantes en el campo de humanidades, el Premio Nacional de Literatura (1970) y el de Príncipe de Asturias (1983)[20]. Es curioso e insólito el discurso que pronunció al recibir el primer galardón:

> Por ahora no recuerdo quién dijo que el hombre era una pura nada. No algo, ni cualquier cosa, sino una pura nada. Y yo me siento así en este instante... quiero aprovechar la situación para aclarar a mis semejantes, a los que deberían estar

[20] El jurado de este premio, junto con concederle al novelista jalisciense dos millones de pesetas, consideró "la alta calidad estética, hondura, inventiva, acierto y novedad expresiva, así como su decisiva influencia en la posterior narrativa de su país, y el lugar destacado que ocupa en el conjunto de las letras hispanas".

> en mi lugar, que no me guarden ningún resentimiento, que si estamos aquí, pobres de nosotros, convertidos momentáneamente en una *res publica,* tal vez se deba a que tenemos algunas virtudes que ni nosotros mismos conocemos, o quizá simplemente el valor de presentarnos ante el señor presidente de la República y ante muchos otros hombres representativos de las virtudes de México exponiendo nuestra humildad...

No faltan quienes opinan que el autor de Jalisco pertenecía a la llamada corriente llamada regionalismo o criollismo. Sin embargo, es importante recordar que en la época cuando Rulfo escribía —los años cuarenta y cincuenta— el fervor nacionalista prácticamente había desaparecido. Terminada la época de la Revolución, el país vivía con una amarga sensación de desaliento y frustración, la cual, al igual que la infancia del escritor, no podía sino reflejarse en su obra. La misma sensación se deja ver en otras creaciones literarias de la época: *Casi el paraíso* de Luis Spota y *La región más transparente* de Fuentes, por mencionar sólo unas cuantas. Los personajes de Rulfo se ubican claramente en los tiempos posrevolucionarios, pero son vistos por el autor desde la perspectiva de los años cincuenta. Por esta razón, es difícil hablar del regionalismo en los cuentos y la novela de Rulfo.

Carlos Monsiváis en un artículo póstumo se lamentaba de la medianía de los representantes de los medios en la funeraria. Ante el primitivismo de sus preguntas, tenía ganas de emplear las salidas de Rulfo: "Se me secó el manantial, señora... Hay que darle paso a los jóvenes... Si me tiene usted paciencia, ahorita le leo mi nueva novela..."

Una vez le preguntaron a Rulfo que dadas sus dificultades de ganarse la vida, por qué no escribía *best sellers*. Éste contestó: "Un best seller es llamativo, sensacionalista, se vende mucho, sobre todo si habla de sexo, de morbo, de... pero, bueno, mis libros están traducidos a todos los idiomas". Tal vez, la respuesta definitiva a la interrogante de por qué Rulfo no publicó más libros nos la dará su esposa y compañera, Clara:

> Una escritora americana, admiradora de la obra de mi marido, Susan Sontag, escribió que la meta de un escritor no era escribir y publicar continuamente, sino escribir un gran libro, un libro que perdurase; y que eso es lo que había hecho Juan Rulfo. Lo dice para *Pedro Páramo,* pero igual puede decirse para *El llano en llamas,* creo yo.

Del autobiografismo en la obra

No es necesario ser muy versado en la crítica literaria para darse cuenta de un cierto paralelismo entre la vida del escritor y su obra. Sin embargo, en un principio Rulfo se oponía a tales interpretaciones:

> En realidad nunca he usado, ni en los cuentos ni en *Pedro Páramo,* nada autobiográfico. No hay páginas allí que tengan que ver con mi persona ni con mi familia. No utilizo nunca la autobiografía. No es porque yo tenga algo en contra de ese modo novelístico. Es simplemente porque los personajes conocidos no me dan la realidad que necesito, y que sí me dan los personas imaginados.

Sin embargo, más tarde admitía que "tal vez en lo profundo haya algo que no esté planeado en forma clara en la superficie".

"Una mentira que dice la verdad"

Como recordará el lector, la Revolución Mexicana, aunque afectó de la manera más negativa a Rulfo y a su familia, también lo recompensó con un regalo aunque de ninguna manera equivalente pero aun así valioso: la biblioteca que dejó el cura de San Gabriel (quien se unió con los cristeros) a la abuela de Rulfo. El niño la lee por completo; esta pasión por la lectura la conservó durante toda su vida: "Pero más que ninguna otra cosa he sido lector casi patológico, he llegado al extremo de leer hasta dos libros por noche. Siempre me gustó mucho la literatura".

Más que la literatura hispánica, le influyó la narrativa de otros países europeos; en aquel entonces, se publicaba mucho la novela rusa, la estadounidense. Le apasionaba la literatura nórdica: "[...] Tuve alguna vez la idea de que la literatura nacía en Escandinavia, en la parte norte de Europa, y luego bajaba al centro, de donde se desplazaba hacia otros sitios", dijo en una entrevista. Uno de sus autores predilectos era el noruego Knut Hamsun, cuya novela *Sult* (*El hambre*) se trata de un escritor joven que está muriéndose de hambre en medio de una próspera ciudad nórdica. De alguna manera, el joven Rulfo se sentía atraído por la frialdad de ese mundo:

> Tenía unos catorce o quince años cuando descubrí a este autor, quien me impresionó mucho, llevándome a planos antes desconocidos. A un mundo brumoso, como es el mundo nórdico, ¿no? Pero que al mismo tiempo me sustrajo de esta situación tan luminosa donde vivimos nosotros —este país tan brillante, con esa luz tan intensa—. Quizá por cierta tenden-

> cia a buscar precisamente algo nublado, algo matizado, no tan duro y tan cortante como era el ambiente en que uno vivía.

Eraclio Zepeda admitía que fue Rulfo quien introdujo a muchos de sus amigos a la literatura nórdica y brasileña.

Además, Rulfo cuenta que en su infancia se editaba mucho la literatura mexicana pero casi no se leía. Se leía mucho, en cambio, la literatura española, que el propio Rulfo consideraba ajena al carácter mexicano, al modo de ser de los mexicanos. Confesaba que en las clases les hacían leer a los autores españoles, entre ellos a Pereda y a Valera "y a otra gente que era fastidiosa"; en lugar de eso, Rulfo prefería leer a Dostoyevski en el aula, por lo que a veces lo expulsaban de clases. Con otros estudiantes se reunía en el café de la escuela para intercambiar opiniones acerca de los libros que les llamaban la atención; fue ahí, decía, donde aprendió a distinguir entre los libros de aventuras que había leído y la literatura, así como a seleccionar a sus autores predilectos: "Eso fue más o menos el comienzo". Más tarde, toma el gusto por los autores estadounidenses, como Hemingway, Faulkner[21], Dos Passos. A él, al igual que a estos escritores, lo que menos le importa era el sentimentalismo, el melodrama; no obstante, la angustia humana, la angustia de un hombre pequeño ante un mundo incom-

[21] Otro recuerdo curioso de Alatorre, relacionado además con las "mentiras" del novelista: "Rulfo —y es una de las mentiras que más me han impresionado— en una de esas entrevistas lo preguntaron: 'Maestro, y dicen que Faulkner ha influido…' ¿Faulkner? ¡Jamás lo leí!»" A otros interlocutores Rulfo decía que admiraba casi más que a nadie a este novelista estadounidense; eso sin mencionar las similitudes entre las vidas de ambos que salta a la vista: los dos huían toda explicación, los dos eran autodidactas y lectores ávidos; se asemejan hasta los universos creados por los dos escritores —el decadente mundo del Llano que sufre abandono y miseria y el mundo pintado con color sangriento del sur estadounidense que no pudo sobrellevar la derrota en la guerra civil—.

presible y adverso es lo que le llama la atención. Pero huye de todo intento de moralización, de ser edificante: "Hay que temerle a las novelas que se empeñan en darnos un mensaje. Toda obra que tiene un punto de vista humano nos comunica ese mensaje, que a fuerza de uso ha llegado a ser un vocablo enfadoso". (Estas palabras parecen más exactas si consideramos la cantidad de alumnos universitarios que dedican tiempo y esfuerzo en encontrar un mensaje). Tal vez, eso también tiene que ver con la postura de Rulfo como escritor, con su intento de "callar" la voz del autor, de hacer que sus personajes hablen sin la necesidad de aclaraciones por parte del autor.

A parte de la literatura propiamente dicha, le apasionaba la historia. Leía libros de esa ciencia en la biblioteca del cura de San Gabriel; en el seminario obtuvo examen de honor con diploma de primera clase en historia patria. Años más tarde, cuando trabajaba en el archivo de Gobernación, siguió con su pasión, leyendo, con sus propias palabras, "a todos los cronistas, a Torquemada, las relaciones históricas del siglo XVI". Trabajando ya en Guadalajara en la década de los cuarenta, colaboró en algunas revistas históricas. Cuando apareció en 1963 la edición facsimilar del libro *Noticias históricas de la vida* y *hechos del Nuño de Guzmán*, escrito originalmente en el siglo anterior, Rulfo escribió un prólogo a éste, que muchos historiadores califican de "interesante". Se interesaba, además, por la historia de su región natal, argumentando que "existe un vacío sobre esa zona en la historia de Jalisco, ya que hasta la fecha nada se ha escrito sobre ella". No obstante, como menciona Munguía Cárdenas, el novelista a menudo dominaba en él al historiador, pues en ciertas ocasiones distorsionaba la verdad histórica.

Rulfo y el cine

Comparado con la producción literaria de Juan Rulfo, es mucho mayor el número de adaptaciones cinematográficas realizadas a partir de sus cuentos y la novela. Diecinueve películas y dieciocho videos, directamente basados en la obra del escritor mexicano o de alguna manera influidos por él, se han llevado a cabo a partir de 1955.

Aquí nos topamos con una cuestión de particular interés: ¿en qué medida debe participar el creador en la adaptación de su obra? ¿Debe seguir rigurosamente ésta las reglas del juego impuestas por el autor, o el director únicamente se basa en las historias y temas provenientes de éste para, valiéndose de ellas, mostrar sus propias ideas? En la historia del cine mundial, ambos enfoques han sido utilizados; recordemos, por ejemplo, dos películas del director soviético Andréi Tarkovski, *Solaris* y *Stalker*. Las dos se basan en las novelas de los escritores de ciencia ficción Stanislaw Lem y los hermanos Strugatski, pero el director se dio el lujo de utilizar los universos literarios para intrometer sus propias ideas.

Muchos piensan que el cine comercial[22], "industrial", es el único que posee los recursos necesarios para mostrarnos una historia interesante. Y no podemos negarlo: son numerosos los ejemplos de las películas hollywoodenses

---

[22] Es de interés la opinión de Rulfo respecto a esto: "El cine es un gran conducto para plantear la problemática de cualquier país. Este potencial, sin embargo, suele estar limitado cuando se trata de hacer películas para obtener ganancias".

(que son representaciones por excelencia del cine comercial) que se convirtieron en clásicos del acervo cultural de la humanidad, partiendo de *El ciudadano Kane,* pasando por la ingeniosa propuesta sobre el futuro fascista de la sociedad occidental, mostrada en *Brazil,* hasta el reciente *El club de la pelea,* que hizo a muchos sentirse muy incómodos al mostrarles la vacuidad de la vida del moderno pequeño burgués, *yuppie* estadounidense, que la cultura "oficial" de nuestro vecino del Norte nos ofrece como el único ejemplo a seguir. Aun así, muchos críticos del cine son de la opinión de que es el cine independiente (universitario o académico) el que tiene la cualidad de estar libre de presiones mercantiles e ideológicas y de poder experimentar libremente con las ideas y técnicas. Sin embargo, la desventaja del cine independiente es su limitada distribución, cosa que hizo que se desconozcan entre el público general muchas películas dignas de admiración.

Las adaptaciones cinematográficas de Juan Rulfo han sufrido la misma suerte. La mayoría de las películas comerciales basadas en la obra del novelista pecan, desgraciadamente, de mediocridad y servilismo. A partir de la "pequeña gran novela" de Rulfo se han hecho dos adaptaciones cinematográficas. La primera, filmada por Carlos Velo en 1966, fue todo un fracaso, pues el joven director no pudo resistir algunas propuestas hechas por otros miembros del equipo muy importantes en el cine comercial —los productores—. Dice Velo:

> La maldita circunstancia de ser mi primera película profesional me hizo cometer el error de aceptar todo esto. Así es que la culpa es mía por haber aceptado estas ideas y estas "amables sugerencias" que hicieron híbrido, frío, el *film*, cuando contaba con un guión magnífico, con actores estupendos, llenos de entusiasmo; sin embargo todo fue sometido a un rasero de producción, a un nivel de mediocridad industrial odioso.

El guión, al parecer, fue verdaderamente interesante; aunque Rulfo mismo no intervino en su elaboración, limitándose a corregir algunos diálogos, en su adaptación colaboró Carlos Fuentes; de hecho, fue su primer trabajo para el cine. Tal vez, por esta razón no pudo hacer nada para que la película cobrara vida propia, para que fuera una interpretación, una visión al mundo de Comala, y no una copia servil y pálida de la novela. ¿O fue quizá el "peso" de la obra, para aquel entonces ya reconocida y respetada? El actor estadounidense John Gavin tampoco pudo con su papel, mostrando un cacique de plástico, sin la vida interior, "como un charro recién salido de la peluquería", en palabras de un crítico. Claro está que no era una tarea fácil interpretar a un personaje tan complicado[23]. Gabriel García Márquez destacaba un problema principal en cuanto a la interpretación, el cual —y eso es muy importante incluso para aquel director que en un futuro se decidirá a hacer una nueva adaptación de Rulfo— tenía que ver con los nombres:

> Por subjetivo que sea, todo nombre se parece de algún modo a quien lo lleva, y eso es mucho más notable en la ficción que en la vida real. [...] Lo único que puedo decir a ciencia cierta es que no hay nombres propios más propios que los de la gente de sus libros. A mí me parecía imposible —y me sigue pareciendo— encontrar jamás un actor que se identificara sin ninguna duda con el nombre de su personaje.

Otra dificultad yace en la complejidad de los escritos de Rulfo, aunada a la escasez de descripciones físicas explícitas de los personajes. Rulfo es muy cuidadoso de no ofrecer

---

[23] "A mí me parecía imposible —y me sigue pareciendo— encontrar jamás un actor que se identificara sin ninguna duda con el nombre de su personaje", pues "todo nombre se parece de algún modo a quien lo lleva, y eso es mucho más notable en la ficción que en la vida real", decía el mismo Fuentes.

descripciones físicas abiertas; tanto en sus cuentos como en la novela, la acción se torna alrededor de los diálogos y si bien para el lector este método es muy interesante, pues permite a cada uno, dentro del marco del universo rulfiano, comunicar algo personal en los personajes, ante el director surge la tarea de resolver su ambigüedad física con una imagen definitiva. No es del todo una tarea imposible[24]; pero en opinión de muchos, la actuación de Gavin ni de Claudia Millán (la intérprete de Doloritas Preciado) logró mostrar lo complejo que son sus personajes.

Los directores pueden utilizar otro recurso, otro lado de Rulfo: sus fotografías[25]. Como explicaremos más adelante, Rulfo huía a la imagen de México folclórico, colorido, del México de Jorge Negrete y del Indio Fernández, pues hay que reconocer que pese a su importancia para el cine nacional, han creado figuras míticas y un país mítico, contribuyendo —como bien dijo Carlos Monsiváis— "a dilatar las fantasías de la clase media sobre la esencia de la nacionalidad". La producción fotográfica y literaria de Rulfo, aunque refleja o se desenvuelve en el mismo ambiente rural, es marcadamente distinta. Las fotos de Juan Rulfo pueden ser vistas como una especie de ilustraciones que el mismo autor hizo para sus cuentos. Es un mundo en blanco y negro, un mundo que encaja perfectamente en el de sus cuentos y novela, con sus cualidades de los sueños o de la muerte. Los paisajes y escenas reproducidos por la cámara de Rulfo son áridos y estériles: el polvo, la piedra, las rui-

---

[24] Aunque el mismo Rulfo con una ironía propia de él decía: "Algunos maestros norteamericanos de literatura han ido a Jalisco en busca de un paisaje, de unas gentes, de unas caras, porque las gentes de *Pedro Páramo* no tienen cara y sólo por sus palabras se adivina lo que fueron, y como era de esperarse, esos maestros no encontraron nada".

[25] Comenta la fotógrafa Raquel Tibol: "[Rulfo] conoce al sujeto, al paisaje, la barda, la pared y las actitudes de la gente como esencia del pueblo de México".

nas, el sol y la tierra. Prácticamente no observamos personas y cuando las hay, parecen "ánimas de pena", eternos personajes rulfianos, perdidos y ensimismados. Como menciona Gabriela Yanes Gómez, autora de un libro sobre el cine rulfiano, en sus fotos no hay "charros, ni mariachis, ni mujeres encopetadas, enjoyadas y pintorreadas". Parece ser que pocos directores que han intentado llevar la obra de Rulfo a la pantalla han utilizado sus fotografías como una pauta para imaginar el universo rulfiano[26]. De ahí que aparecen en las adaptaciones las haciendas floreadas, los interiores fastuosos y los personajes artificiales, decoraciones típicas del cine mexicano rural que no guardan relación alguna con el mundo de Juan Rulfo.

"Mi último refugio", ca. 1960, plata sobre gelatina, fotografía de Juan Rulfo.

---

[26] Octavio Paz ha dicho que Rulfo "es el único novelista mexicano que nos ha dado una imagen —no una descripción— de nuestro paisaje".

En 1976 José Bolaños hizo el segundo intento por adaptar la novela de Rulfo para el cine. Su versión, titulada *Pedro Páramo* (*El hombre de la Media Luna* ya es un paso adelante comparado con el filme de Velo). Las locaciones, por ejemplo, están mejor seleccionadas: así, para ubicar a Comala, se utilizó Real de Catorce en San Luis Potosí, pueblo que visualmente compagina en mucho con el mundo representado en las fotos de Rulfo. Sin embargo, la actuación (en la película participaron Manuel Ojeda, Venecia Vianello y Abelardo San Miguel) en la versión de Bolaños deja mucho que desear, pues los personajes corresponden muy poco a los rulfianos.

Con estas dos películas no se agota ni en lo más mínimo, la lista de las adaptaciones de Rulfo hechas para el cine, video o televisión. Podemos mencionar, por ejemplo, la versión de *Talpa* de Alfredo Crevenna, la primera película basada en un cuento del escritor. El director y el guionista se dieron ciertas —muchas— libertades a la hora de hacer este filme claramente comercial: así, Tanilo no es un enfermo laso y demacrado, como se imaginan muchos lectores al leer un cuento; aparece la figura de una prostituta que no aparece en el cuento (Esteban se satisface con ella pues no puede encontrarse sexualmente con Natalia, que en la película se llama Juana); en general, se pierde la idea de culpabilidad y sufrimiento del cuento, sustituida por una sexualidad "vacía" e innecesaria... Por último, puesto que el largometraje se basó en un cuento corto, aparecen muchos "rellenos" superfluos. La terrible situación humana del cuento original se ve remplazada con los paisajes folclóricos y actores que interpretan a los personajes no debido a su similitud con éstos, sino gracias a su renombre. *El rincón de las vírgenes* (Alberto Isaac, 1972) podría considerarse un intento más acertado; en la película, basada en dos cuentos de humor negro: "Anacleto Morones" y "El día del derrumbre", resultó más fácil de adaptar, puesto que los personajes estaban más definidos. En la película participaron los actores Emilio *Indio* Fernández, Rosalía Brambila y Alfonso Arau; en 1973, recibió el premio a la mejor comedia en el Festival de Toulouse (Francia). La versión de "El hombre" de José Luis Serrato es más sincera, representa un acercamiento más directo al universo de Rulfo. Sin embargo, el director se concentró demasiado en lo dramático, incluso en la violencia externa, sin darle el debido lugar a la lucha interna y al remordimiento mostrados en el cuento. Hay una grave falla técnica: como se acordará el lector, el protagonista mata a toda la familia porque en la oscuridad no puede distinguir al que realmente quiere matar. Puesto que en la película hay demasiada luz, todo el episodio se vuelve inverosímil e incluso incomprensible para el espectador que desconozca el cuento. En 1988 se realizó una versión interesante de "Talpa", aunque la película, titulada *Los confines,* no se basó exclusivamente en este cuento, pues reúne episodios de "Talpa" y "¡Diles que no me maten!", entrelazados por un episodio de *Pedro Páramo.* A pesar de varios aciertos —buena actuación y excelente diseño, entre otros— el filme tiene también sus lados negativos; así, no se logró transmitir la sexualidad tormentosa y reprimida de Natalia, la cual es el "motor" del cuento, su eje principal.

No obstante algunos aciertos de las películas mencionadas en los párrafos anteriores, de todo el patrimonio de Rulfo llevado a la pantalla, sólo dos realmente merecen ser representantes de la obra del jalisciense. Estamos hablando de un cortometraje de doce minutos *El despojo,* dirigido por Antonio Reynoso y *La fórmula secreta,* mediometraje de cuarenta y dos minutos, dirigido y fotografiado por Rubén Gámez. Ésta última, vale la pena destacarlo, ganó el Primer Concurso de Cine Experimental del STPC[27]; ambas participaron en varios festivales de cine internacionales, como los de Moscú y Locarno. Por primera vez los espectadores vie-

[27] Sindicato de Trabajadores de la Producción Cinematográfica.

ron en la pantalla el equivalente cinematográfico de la prosa rulfiana —y eso tomando en cuenta que ninguna de las dos películas es una adaptación. Parece que Reynoso y Gámez encontraron "las fórmulas secretas" del cine basado en Rulfo: lo poético de Rulfo, el predominio de la imagen sobre el significado, el no seguimiento a las formas cinematográficas tradicionales (el formato, por ejemplo) y la más importante: las películas basadas en Rulfo no pueden ser comerciales en el sentido *hollywoodense*, no puede haber en ellas nada de acción; no sirven para divertir, "pasar un buen rato". Consecuencia lógica pero triste: aunque es mentira que "el cine de arte" únicamente sirve para causar delicia en los estetas esnobistas, el público general, acostumbrado a los bajos estándares del actual cine comercial, le haría caso omiso a una película que le muestra algo diferente.

No es de sorprender, por tanto, que ni *El despojo* ni *La fórmula secreta* fueron apreciados por los espectadores comunes. *El despojo* únicamente se exhibió en los cineclubes, mientras que la película de Gámez sí fue distribuida comercialmente pero fracasó, llevando al productor a la quiebra. A parte de la fama y reconocimiento, ninguna de las dos películas trajo éxito financiero a sus directores, pues los dos han tenido que seguir con sus actividades de camarógrafos en la publicidad.

Sin embargo, todas estas películas, aunque a veces contaban con la participación o el apoyo de Rulfo, no fueron sino adaptaciones de su obra. No es así su único trabajo publicado después de los libros que lo llevaron al éxito. Rulfo escribe el guión llamado *El gallo de oro* para el productor Manuel Barbachano Ponche a principios de los años sesenta. En el argumento muestra una extraña relación entre dos personajes: el gallero Dionisio Pinzón y *La Caponera,* una cancionera de palenques. Se la pasan de feria en feria por la parte central del país; todos sus intentos por dejar de vagabundear y asentarse en algún lugar terminan fracasando, pues el asentamiento les trae la pérdida de la libertad y, como consecuencia, la descomposición. Detrás de esta trama aparentemente sencilla, está la compleja, triste y cautivante historia de dos seres marginados que se están hundiendo en la decadencia emocional. Se ha hecho dos intentos por hacer una película basada en este guión. En 1984, Roberto Gavaldón fracasó artísticamente con su filme que mostraba a un México artificial, un México folclórico de la época de López Mateos que muy poco tenía que ver con la realidad. Arturo Ripstein filmó su versión que recibió el nombre de *El imperio de la fortuna*. En la película, esta vez realizada durante los tiempos de crisis, no se logró mostrar la soledad ni la desolación que son los protagonistas ni el telón de fondo de la prosa rulfiana.

Rulfo en el mundo

Tal vez será Rulfo uno de los autores latinoamericanos más traducidos: están vertidos a más de veinte idiomas, como el alemán, ruso, inglés, francés, italiano, polaco, sueco, holandés, danés, noruego, turco, griego, chino y ucraniano. Si bien sus dos libros se publicaron en la época cuando la producción literaria de nuestro continente fue vista con cierta reserva e, incluso, desconfianza en los países del "primer mundo", aun en esta época hubo quienes emprendieron la difícil tarea de traducir y propagar la obra del novelista jalisciense. Entre ellos está su primera traductora, Mariana Frenk-Westheim, quien tradujo *Pedro Páramo* al alemán. Parece adecuado empezar la sección dedicada a las traducciones de Rulfo con esta primera traducción[28].

Frenk-Westheim llegó a México a principios de los años treinta y estuvo más de un cuarto del siglo en contacto con nuestra cultura y nuestro idioma. Un lector perspicaz podría decir que al mismo tiempo dejó de experimentar las influencias de su propia cultura y lengua, sin mencionar que no presenció el impacto del fracaso en la guerra ni la división de la nación alemana en dos; desgraciadamente, el traductor siempre se hallará en una posición parecida a la de Frenk-Westheim, pues al acercarse a otra cultura pierde, en parte, relación con la suya, y viceversa.

Es importante hacer hincapié en que Frenk-Westheim en un principio sólo fue una lectora de Rulfo, una admira-

[28] *Der Llano im Flammen*, la traducción de la novela de Rulfo, fue publicada en 1958 en la editorial Carl Hanser Verlag (Munich).

dora más que quiso introducirlo en el mundo de la literatura europea. La traductora decía que fue tal el impacto que le provocó la prosa de Rulfo, que inmediatamente decidió verterla a la lengua de Goethe; por lo tanto, no fue consecuencia de la política editorial, pues a la sazón faltaba el interés por la literatura latinoamericana[29]. Fue el papel de la traductora el que decidió la suerte de los libros de Juan Rulfo. ¿Qué fue lo que llamó la atención de la lectora-traductora? En primera instancia, fue la universalidad de la obra de Rulfo; los lectores europeos que esperaran encontrar en ella algo folclórico, pintoresco, quedarían profundamente decepcionados. Frenk-Westheim menciona al respecto:

> Nada menos 'pintoresco' que la obra de Rulfo. Y el lector que abra el libro por tratarse de una novela mexicana, pronto se dará cuenta de que en ella lo mexicano no es sino una forma —claro que una forma específica e inconfundible— de ser hombre, de lo humano y universal, de lo que es de aquí y de todas partes.

Además, la traductora se topó con el eterno problema de los que desean introducir a su ambiente algo nuevo, aunque sólo sea en la forma. Resulta muy difícil ubicar al cacique inconfundiblemente mexicano, así como a los fenómenos acompañantes al caciquismo, al entorno europeo, a saber, al alemán. Para empezar, el lector mexicano, incluso un habitante urbano, ya conoce el mundo que le pinta Juan Rulfo. Claro está, al lector alemán le puede resultar todo esto exótico y, por lo tanto, digno de interés; por otra parte, una desventaja arraigada en esto es que debido a falta de

---

[29] Aunque en los años cuarenta y cincuenta se habían publicado ciertas obras importantes de las corrientes regionalista e indigenista, como *Doña Bárbara* del venezolano Rómulo Gallegos, *La vorágine* del colombiano José Eustacio Rivera o *Huasipungo* del ecuatoriano Jorge Icaza.

conocimientos sobre este entorno "exótico", el lector puede hacer conclusiones falsas y arbitrarias; así, el problema nunca desaparece por completo. Como el lector alemán no estaba completamente preparado para un texto exótico y, para el colmo, complejo literariamente hablando, los editores han tomado una decisión controversial e inaceptable hoy: se agregó al libro una lista de los personajes; con las páginas vacías se marcaron los saltos de la acción para evocar los hechos pasados o futuros; antes de cada escena, se nombraban a los personajes de la escena posterior; se sustituyeron algunos de los nombres que pudieran causar en el lector alemán la duda de si se trata de un hombre o una mujer. En cierta manera no es una traducción, sino una "traición" del texto original, pues nada le da derecho al traductor a resolver las ambigüedades intencionalmente permitidas por el autor. Sin embargo, la traducción se editó en los años cincuenta, una época que intelectualmente dista bastante de la nuestra, por lo que no tenemos el pleno derecho de reprender las decisiones del traductor ni de los editores.

Uno de los traductores de Rulfo al inglés que vivió en Jalisco admitía que le había parecido muy difícil la tarea de traducir los cuentos al inglés, pues los monólogos y diálogos consistían en giros que diariamente escuchaba en pláticas de sus vecinos, los campesinos y pescadores del pueblo. Pero cuando terminó la traducción de *El llano en llamas* y la llevó a Estados Unidos para enseñarlo a diferentes editores, éstos, a pesar de disfrutar el libro, se rehusaban a publicarlo, explicando al traductor que "las traducciones de obras de latinoamericanos no se venderán. El público no comprará un libro proveniente de un país de habla hispana". Lo que estos genios no sabían es que en pocos años, con la traducción al inglés de *Cien años de soledad,* vendría la época del *boom* que abriría a los autores hispanos las puertas de las editoriales estadounidenses y europeas. La traducción de *El llano en llamas* fue publicada en inglés en 1967 (Universidad de Texas), más de una década después de que vio la luz la novela *Pedro Páramo*, traducida al inglés en 1959 (editorial *Grove Press*). No obstante el entusiasmo con que recibió las traducciones de Rulfo la gente ilustrada en Estados Unidos, los editores tenían razón en advertir las escasas ventas; apunta el primer traductor de Rulfo que la obra de éste a menudo se vendía en las librerías de segunda por veinticinco centavos. El hermetismo del lector común estadounidense, su aversión por todo lo desconocido y nuevo para él, contribuyeron a esta falta de reconocimiento que el escritor jalisciense merecía; ¿cómo, se pregunta el traductor, explicar lo que es "barrer la calle" a alguien que nunca ha conocido las aldeas mexicanas con sus calles empedradas, donde los dueños están obligados a hacer el aseo? ¿Cómo explicar qué significa "alacranes caídos del techo" a alguien que no sabe lo que significa dormir "en una recámara con techado de teja y carrizo"? O, en el peor de los casos: ¿Cómo hacer llegar a alguien que no conoce el ambiente ni el orden rural mexicanos la idea del "caciquismo"? Esta tarea no es del todo imposible; podrían ser útiles, por ejemplo, las notas al pie de página o un breve prólogo con explicaciones en un lenguaje adecuado. Pero el lector típico, desgraciadamente, se rehúsa a hacer el esfuerzo mental necesario, y la famosa brevedad y ausencia de detalles en Rulfo tampoco ayudan.

Otra característica de Rulfo que dificulta el trabajo del traductor, este lector por excelencia, es el sistema complejo de puntuación que emplea Rulfo. A veces es necesario volver a leer una página varias veces para entender quién está hablando. Así, cuando al protagonista Juan Preciado se le aparece la imagen de su desaparecida madre y le dice: "Han matado a tu padre", Juan le contesta: "¿Y a ti quién te mató, madre?" Aunque pareciera que presenciamos un diálogo entre los dos, en realidad, son dos réplicas de dos episodios diferentes. Explica Rulfo en una entrevista:

—Cuando dice que han matado a su padre es un muchacho, pero cuando dice "¿y a ti quién te mató, madre?" ya es grande. Falta interlinear eso, lo pusieron junto, es un pensamiento que le viene.

– Lo que no tenía sentido es que fuese un diálogo.

– No. El hecho es que la madre muere después.

Claro, muchas veces el traductor literario no resuelve las ambigüedades, dejando esta tarea a cada lector pero incluso para conservar la ambigüedad, primero hay que entender su naturaleza. Otro problema es la ausencia de las explicaciones o la deliberada retención del significado en ciertas escenas; por ejemplo, en *Pedro Páramo* no sabemos a ciencia cierta a quién mató Abundio Martínez (¿A Pedro Páramo o a Damiana Cisneros? ¿O a los dos?), ni podemos establecer la relación entre Abundio y el arriero que trajo a Juan a Comala: ¿es la misma persona o son dos personajes diferentes?

Numerosos son los problemas que encuentran en su labor los traductores literarios. Sin embargo, a veces incluso dentro del ámbito de la misma lengua pueden darse desentendimientos; tal es el caso del español. Traído por los colonizadores del Viejo Mundo a las Américas, en nuestra tierra floreció y se enriqueció, obteniendo nuevas variantes dialectales, diferencias en pronunciación, léxico y fraseología. Aunque la separación entre la variante peninsular y la latinoamericana aún no ha llegado a tal grado que los hablantes de las dos tengan dificultades para entenderse, ya no son raros los casos cuando a los hispano hablantes americanos les resulta difícil entender a los españoles, y viceversa. Así, la editorial española "Cátedra", al publicar la novela *Pedro Páramo* consideró necesario no sólo adjuntar una extensa introducción en la obra del escritor mexicano, sino también acompañar la novela con más de cien notas a pie de página, explicando algunas palabras y modismos nuevos para el lector español, o aquellos que se consideran arcaicos en la España moderna, conservándose vivos únicamente en el habla popular. Junto con las voces cuya explicación provocaría risa en el lector mexicano (por ejemplo, "chile", "güero" o "atole"), encontramos algunas nociones que con el tiempo cayeron en el olvido incluso en la conciencia de los mismos mexicanos, sobre todo los jóvenes, como "villista", "pelón" (soldado federal, por el característico corte al ras), "los dorados", etcétera.

México: País en llamas, Revolución mexicana

La Revolución Mexicana (1910-1917) —con todos los hechos, logros y traumas que conllevó— y el desarrollo de un México nuevo —con todos sus beneficios y desventajas— coinciden en su gran mayoría con la vida de Juan Rulfo. A pesar de que suele hablar de la Revolución como de un acontecimiento histórico que empezó en una fecha determinada, duró un cierto periodo y llegó a su fin lógico, lo cual daría lugar a nuevos movimientos históricos, esta postura parece un tanto reduccionista, pues los acontecimientos históricos de esta magnitud no surgen sin ningún motivo, ni tampoco desaparecen de un día para otro sin dejar una profunda huella en la nación que los experimentó ni en el futuro del país donde ocurrió. No son la excepción los hechos que se desarrollaron en nuestro país, los cuales solemos encerrar en el periodo histórico de 1910 a 1917 y que recibieron el nombre de Revolución Mexicana. Si bien lo que llamamos así causó un profundísimo impacto en el alma mexicana y determinó la suerte del país para los años por venir, es importante que el lector tenga en mente que este proceso histórico de ninguna manera representa una ruptura definitiva con el pasado mexicano; es, si se quiere, una desviación histórica, pero una desviación lógica del desarrollo de México desde los primeros días de la independencia. Quizá, lo trágico de la Revolución Mexicana es que no conllevó el cambio del sistema político (circunstancia que sí se produjo, aunque con resultados distintos, a raíz de las revoluciones burguesas en Francia feudal y Rusia zarista). El gobierno liberal de Porfirio Díaz, no sin la ayuda del magnánimo vecino del Norte, fue sustituido con los gobiernos de la burguesía nacional que a la larga llevaron al país a una nueva reencarnación del antiguo régimen, el neoliberalismo, y una mayor apertura al capital internacional, con las consecuencias más graves para México en general. En parte, esto se debe al hecho de que no hubo planes definidos de decisiones estratégicas —ni al principio, ni después— para la modernización del país que satisfaría las demandas de la mayor parte de la población respondiendo a los retos de su época, pues tanto los revolucionarios como sus oponentes se limitaban a determinar la táctica de las futuras batallas. Por esta razón, resulta difícil hablar de una fecha de inicio de la Revolución Mexicana. Tomemos, pues, como punto de partida uno de los planes revolucionarios más importantes, no sin antes aclarar que para entender la obra del escritor mexicano Juan Rulfo es imprescindible conocer o recordar la problemática que México enfrentó ante el objetivo real de la Revolución Mexicana, la mínima pero trascendental participación de nuestro país en la Segunda Guerra Mundial, la controversial Guerra Cristera, y algunos otros acontecimientos históricos que no sólo marcaron a nuestra nación, sino que en verdad influyeron en la obra de Rulfo y, principalmente, que se reflejan en ella.

Aunque cualquier lector recordará los principales propósitos del Plan de San Luis Potosí, consideramos importante recalcar los artículos fundamentales. De acuerdo con el plan, se declaraba el principio de la no reelección; se desconocía el gobierno de Porfirio Díaz; Francisco I. Madero, quien había escapado de la prisión en la ciudad con el mismo nombre del Plan, asumiría la presidencia de manera provisional para iniciar el proceso electoral un mes después de la liberación de la capital y la mitad de los estados. De especial importancia era el Artículo tercero que estipulaba la necesidad de revisar los fallos de los tribunales y los acuerdos de la Secretaría de Fomento, que despojaron de sus tierras a la gran parte de la población indígena. El plan fracasó debido a las actividades de las autoridades del país, las cuales descubrieron a los conspiradores en la Ciudad de México. El 11 de marzo de 1911 se une al movimiento maderista el Presidente del Comité de Defensa de los pueblos de Anenecuilco-Ayala-Moyotepec Emiliano Zapata, bajo cuyo mando estaban los grupos campesinos de Morelos.

Por todo el territorio del país van cundiendo otros brotes armados. El gobierno de Porfirio Díaz, a pesar de tener un ejército disciplinado y fuerte, se mostró incapaz de aplastar dichas sublevaciones; pese a varios y diversificados esfuerzos gubernamentales, la Revolución parecía imparable. El evento que inclinó la balanza a favor de los revolucionarios fue el ataque a Ciudad Juárez a principios de mayo del mismo año, lo cual le permitió a Madero instalar su gobierno provisional. El 21 de mayo se firma el Tratado de Ciudad Juárez que produjo la renuncia y el exilio del General Díaz. En la cima del poder se coloca el gobierno provisional dirigido por el exministro de Relaciones Francisco León de la Barra. Entre las medidas emprendidas por el nuevo gobierno se decretó el desarme de las fuerzas revolucionarias, hecho que causó la preocupación de Zapata, quien opinaba que previamente se debía haber puesto en vigor el Artículo tercero del Plan de San Luis Potosí, relacionado con la restitución de tierras comunales a los pueblos. En vista de la futilidad de los acuerdos, Zapata se declaró en rebelión y proclamó el Plan de Ayala con el lema de "Reforma, Libertad, Justicia y Ley". En lo político, a pesar de desacuerdos entre los revolucionarios, el 1 y el 15 de octubre se celebran elecciones en las que vuelve a triunfar Francisco I. Madero, postulado por el Partido Católico Nacional. Sin embargo, debido al carácter blando y apacible de este personaje histórico, no se realizaron las medidas necesarias para pacificar al país y satisfacer así a todas las partes interesadas.

Uno de los propósitos del Plan de San Luis Potosí y de ambas campañas presidenciales de Madero fue la restitución de tierras, muchas hectáreas de las cuales estaban sin cabal aprovechamiento. Así, gracias a las leyes de colonización, en 1908 en manos de tan sólo 8 individuos se concentraron 22,500,000 hectáreas. Sin embargo, la realización de estos planes por el gobierno maderista se caracterizaba, en el mejor de los casos, por ser transigente e incompleta. La creación de la Comisión Nacional Agraria ayudó a recuperar 21 millones de hectáreas al comprar las tierras a los particulares mediante facilidades de pago. A esta acción le siguieron otras medidas e iniciativas, como la compra de tierras ociosas o el reparto de las baldías. Uno de los proyectos más radicales incluso proponía la expropiación de las tierras necesarias. No obstante, ninguna de las medidas se llevó a cabo completa y decisivamente, lo cual, aunado a los agudos problemas del ámbito laboral, llevó a una agudización de la crisis.

A la rebelión de Emiliano Zapata, el gobierno respondió con operaciones militares bajo el mando de diversos personajes, como Arnoldo Casso López, Juvencio Robles y Felipe Ángeles. Hubo otros brotes de lucha armada, como, por ejemplo, la rebelión de Inés Salazar en el norte del país. Por su parte, el año de 1912 trajo consigo la creación de varias organizaciones obreras, como la Confederación de Círculos Obreros Católicos o la Casa del Obrero a la que se integrarían varios sindicatos. En 1913 se desenvuelve la sucesión de acontecimientos que se conocen como la Decena Trágica, época en la que la misma Ciudad de México se convertiría en un campo de batalla. Desde mediados de 1912 se fraguaba una conspiración conservadora; los más conspicuos de sus participantes eran: Rodolfo Reyes, Consejero Político de su padre, Bernardo Reyes; el General Manuel Mondragón, representante de Félix Díaz, el hijo del Dictador; el General Gregorio Ruiz, así como Cecilio Ocón. Victoriano Huerta permanecía al margen de ello, aunque los conspiradores intentaron atraerlo por mediación de su médico, Aureliano Urrutia. Cabe mencionar que Reyes, para aquel entonces, se encontraba en la prisión en la capital por organizar desde el territorio estadounidense una rebelión que fracasaría, mientras que a Díaz lo condenaron a prisión en Veracruz por un intento —que tampoco dio fruto— de tomar el puerto mencionado. Así pues, el grupo de conspiradores reyistas y felicistas se reunió en Tacubaya para planear un golpe de estado. El objetivo era liberar a los dos generales prisioneros, Reyes y Díaz, con miras a utilizarlos como líderes del movimiento militar. Aunque el gobierno estaba enterado del complot, hizo nada o muy poco para impedirlo, limitándose sólo a trasladar a Díaz a una penitenciaria capitalina.

El 9 de febrero se sublevaron los alumnos de la Escuela Militar de Aspirantes en Tlalpan y la tropa de un cuartel de Tacubaya. Tras un periodo de lucha (en la cual los primeros lograron apoderarse del Palacio Nacional sólo para perderlo poco después), la rebelión fracasó, dejando muerto a Reyes. Madero, con el fin de remplazar al general Villar, herido en los combates, nombró a Victoriano Huerta el comandante militar, hecho que resultó erróneo, porque en cuanto el presidente salió de la capital rumbo a Cuernavaca, Huerta entró en contacto con Félix Díaz. Como resultado de ello, se celebró un pacto abierto entre Huerta y Díaz, conocido como Pacto de la Ciudadela (también conocido como el Pacto de la Embajada o incluso "de canallas"), debido a que fue firmado en el local de la representación diplomática norteamericana, en presencia del embajador Henry Lane Wilson; la demanda principal de este personaje, por cierto, consistía en exigir la protección de los ciudadanos estadounidenses y sus intereses, amenazando con medidas militares si no se satisfacían sus condiciones. El día 17 de febrero los rebeldes arrestaron a Madero y al vicepresidente Pino Suárez. Es notable que fuera el embajador estadounidense el primero a quien Huerta rindió informe acerca de las detenciones. Ya que conforme lo acordado en el Pacto de la Ciudadela asumiría la presidencia provisional Huerta, quien no tenía razones legales para ocupar la silla presidencial, la Cámara de Diputados nombró presidente interino a Pedro Lascuráin, ministro de Relaciones, quien en unos minutos cedió el poder a Huerta. El 18 de febrero Victoriano Huerta en el Palacio Nacional declara que "en vista de las circunstancias muy difíciles por las que atraviesa la nación en los últimos días, y en vista de lo que podría ser un estado de anarquía, resultado de la incapacidad del gobierno del señor Madero, por el momento asumo el poder ejecutivo". Mientras tanto, Madero y Pino Suárez permanecían en el Palacio Nacional, en una vana espera de ser trasladados a Veracruz para zarpar luego a Cuba; igual de infructuosos resultaron los intentos de los familiares de los dos mandatarios, así como de varios diplomáticos y personas importantes (entre ellos de José Vasconcelos) con el fin de convencer a Wilson para que presionara a Huerta, pues el primero farisaicamente contestó que él, al igual que otros miembros del cuerpo diplomático, no intervenía en los asuntos internos de México. Todo terminó trágicamente la noche del 22 al 23 de febrero, cuando durante el supuesto traslado de Madero y Pino Suárez a la prisión se imitó un ataque en el que asesinaron a ambos.

La muerte de Madero provocó la continuación de la lucha armada, ahora dirigida por el Gobernador de Coahuila, Venustiano Carranza, que buscaba restablecer el orden constitucional violentado por la usurpación cometida por Victoriano Huerta, quien permanecería en el poder por diecisiete meses. Carranza, el único gobernador que no había reconocido el régimen huertista, proclamó el Plan de Guadalupe a finales de marzo de 1913, mientras que el recién regresado de Estados Unidos, Francisco Villa, se levantó en armas en Chihuahua y, tras alcanzar varias victorias en este estado, formó la famosa División del Norte que consistía en 16 mil militares para el mes de julio de 1914. Después de diversas derrotas en varios estados del país y ante la inminente derrota, Huerta se vio obligado a huir de México. A mediados de agosto se firmaron los Tratados de Teoloyucan y el día 15 del mismo mes las tropas de Álvaro Obregón ocuparon la capital.

Triunfa la facción constitucionalista, encabezada por Venustiano Carranza, y el 5 de febrero de 1917 en Querétaro se proclama la nueva Carta Magna de la República Mexicana, acontecimiento que es prácticamente contemporáneo al nacimiento de Juan Rulfo. El proyecto de la nueva constitución en muchos aspectos copiaba la Constitución de 1857, cuya idea más importante en este contexto histórico consideraba "los derechos del hombre como naturales y superiores a la autoridad, a la ley y a la sociedad misma", según lo explica Lilia Díaz en *Historia general de México*. Sin embargo, junto con otras ideas innovadoras —tales como la libertad de enseñanza, libertad de trabajo, y libertad de culto— la Constitución de 1917 ponía especial énfasis en la ampliación y fortalecimiento del poder presidencial, modificación que tuvo repercusiones trascendentales para México, lo cual se vio reflejado en el sistema político de nuestro país a lo largo de todo el siglo pasado. De igual importancia eran los logros basados, en parte, en los ya mencionados de la constitución anterior, en los ámbitos laboral, educativo y agrario. Se reconocía que los recursos naturales pertenecían a la nación.

Mientras el futuro autor de *Pedro Páramo* se enfrenta a sus primeras dificultades e infortunios en el estado de Jalisco, el país joven se desarrolla, madura y se forma (aunque la estabilidad política no se lograría sino hasta 1929, y eso teniendo presente que una consecuencia lógica de ciertos actos gubernamentales, la Cristiada, seguiría sacudiendo al país hasta 1939). Tal vez, los logros principales de la Revolución yacían en el ámbito social: comienza a aplicarse la reforma agraria, se da un impulso para el desarrollo de las organizaciones obreras, así como de la cultura y educación en el país. Aparecen instituciones importantes como el Banco de México, el Banco Nacional de Crédito Agrícola y Ganadero, las comisiones de Irrigación y Caminos; florece el muralismo, movimiento artístico que, aunado a la novela de la Revolución[30], mostraría el deseo del "México Nuevo" de expresarse y conocerse a sí mismo; José Vasconcelos encabeza la recién organizada Secretaría de Educación Pública[31]. Aun así, a pesar de ciertos logros, la Revolución no trajo alivio a los que la apoyaron con tantas esperanzas: esto es, las clases campesina y obrera. Este hecho tuvo eco en la novela de la Revolución: según Carlos Monsiváis, ésta se caracterizaba por ser "escéptica" y "desesperanzada". Pero los cambios del tamaño de la Revolución Mexicana nunca favorecen sólo a unos y desamparan a otros; el torbellino de acontecimientos, llevando a unos a la cima del poder, al mismo tiempo perjudica a otros,

---

30 Parece adecuado que este movimiento comenzó con *Los de abajo* de Mariano Azuela; Martín Luis Guzmán introdujo la novela posrrevolucionaria con *El águila y la serpiente*; *El luto humano* de José Revueltas y *Al filo del agua* de Agustín Yáñez hicieron una especie de balance, analizando las causas y efectos de la Revolución Mexicana. A diferencia de estos autores, prácticamente cronistas de la Revolución que experimentaron la Revolución en carne y hueso, a Rulfo solamente le tocó, aunque de una manera dura, vivir las consecuencias de ésta, por lo que su enfoque es más alejado, analítico, desapegado. Aun así, admitía que para su obra era de gran importancia este fenómeno literario: "Efectivamente, la novela de la Revolución me dio más o menos una idea de lo que había sido la Revolución. Yo conocí la historia a través de la narrativa. Ahí comprendí qué había sido la Revolución".

31 Culturalmente su permanencia en la Secretaría fue de mucha importancia: se inició un movimiento con el fin de propagar la educación popular y masiva: junto con el surgimiento del muralismo, aparecen en México muchas publicaciones de literatos y filósofos reconocidos —Platón, Homero, Tolstoi, Shakespeare—. Se rescata la novela de Azuela, escrita en 1915.

destruyendo familias, rompiendo los planes, poniendo en peligro el futuro... La familia de Juan Rulfo no fue la excepción, pues perdió una parte de su fortuna y hasta a muchos de sus familiares.

La cristiada

En 1926 aparece en el escenario histórico un nuevo protagonista: la Guerra Cristera o la Cristiada que surge como consecuencia directa de las disputas entre dos instituciones más poderosas del país, el gobierno federal y la iglesia católica. Dice Jean Meyer en su libro *La Cristiada—La guerra*:

> La Cristiada es el nombre de esa guerra que sorprende a todos, personas e instituciones; sorprende al ejército y a su gobierno, a la Iglesia, a los insurgentes mismos que se lanzan sin más preparativos que los necesarios a la buena muerte, muerte que les espera después de la penitencia pública, de la peregrinación y de la súplica, de la procesión y de la fiesta.

Las tensiones entre las dos entidades de ninguna manera fueron algo nuevo para México, pues en cierta medida estaban presentes a lo largo de la segunda mitad del siglo XIX, radicando en las disposiciones anticlericales de la Constitución de 1857. Aunque durante el porfiriato la Iglesia católica pudo reconquistar algunas de sus pérdidas, se mostró ajena a las ideas revolucionarias, denunciando los siguientes artículos de la nueva Carta Magna: el 3o. (relacionado con la educación laica), 25 (pertinente a la participación del Estado en la actividad económica y social), 27 (el cual determinaba que los recursos naturales pertenecían a la nación y estipulaba la nacionalización de los bienes inmuebles eclesiásticos y la prohibición para adquirir nuevos) y el 130 (que limitaba la participación de la Iglesia en la vida pública, y especificaba, entre otras cosas, que el matrimonio era un contrato civil y prohibía para los partidos políticos tener una afiliación religiosa). Los constituyentes, inspirados al parecer por las ideas anticlericales de la Revolución Francesa provenientes de la Ilustración, no tomaron en cuenta ni la profunda religiosidad del pueblo mexicano, ni su tradicionalismo y apego a los valores inspirados por la historia, ni tampoco el carácter específico de la vida religiosa en nuestro país, donde la religión católica, ya sea por casualidad o a propósito, le vino, según dice el consabido refrán popular, "como anillo al dedo" a las creencias religiosas de los pueblos americanos, hecho que se conoce como el "sincretismo mexicano".

Por otra parte, según parece, se subestimó la influencia del Vaticano y del vecino del norte que en grados más o menos diversos siempre está presente en los asuntos —por más internos que sean— de todo país del continente americano. De especial interés son los conflictos entre Álvaro Obregón —quien ocupó la silla presidencial en 1920— y las autoridades eclesiásticas en torno al problema agrario: A partir de la Revolución Mexicana, se pretendía devolver a las comunidades rurales la propiedad de los terrenos todavía denominados ejidos, de acuerdo con lo establecido en las nuevas leyes de la reforma agraria. El 6 de enero de 1915, el gobierno de Venustiano Carranza promulgó la Ley Agraria con la que se reformaba el carácter de la propiedad ejidal, ratificada por la Constitución de 1917, según la cual la propiedad rural volvería a ser comunal y los campesinos podrían trabajarla en lotes individuales ajenos al mercado. A finales de 1920, Álvaro Obregón y su gobierno aprobaron la Ley de Ejidos que habría de reglamentar su uso. A lo cual la Iglesia respondió que estas medidas no tomaban en cuenta el "justo derecho de los terratenientes".

En 1921 surge un movimiento para erigir un monumento a Cristo Rey en el cerro del Cubilete, cerca de la ciudad de León, Guanajuato. Según el arzobispo de México, Manuel Mora y del Río, el monumento "entroniza al Sagrado

Corazón de Jesús sobre toda la República". Se acordó colocar la primera piedra el 11 de enero de 1923; el nuncio papal, Monseñor Ernesto Filippi, aceptó oficiar la ceremonia en este acto. Dos días más tarde, el entonces Secretario de Gobernación Plutarco Elías Calles ordenó expulsar a Filippi del país por ser un "extranjero pernicioso" y la construcción del monumento se suspendió. En 1925, un año después de llegar a la presidencia, Calles expuso ante el Congreso su plan para poner en vigencia los controvertidos artículos 3, 27, 123 y 130, que nunca se llevó a cabo salvo una transigente realización del artículo 27.

Sin embargo, las tensiones no se transformaban en lucha abierta, aunque ya en 1913 se estableció la Asociación Católica de Jóvenes Mexicanos (ACJM), cuyos participantes se mostraron adversos al régimen revolucionario. Más de un decenio después la ACJM se convertiría en la Liga Nacional de la Defensa de la Libertad Religiosa (LNDLR) que desempeñaría un papel importante en la rebelión cristera. Las tensiones se incrementan en 1923 con la mencionada expulsión del nuncio apostólico del país e incluso el intento de creación de una iglesia católica mexicana en la capital, bajo la dirección de José Joaquín Pérez, hasta adquirir un carácter de lucha abierta en 1926. El detonador de esta guerra violenta fue la sucesión de mutuas ofensivas por parte del gobierno callista y de la Iglesia católica: la declaración del episcopado mexicano que afirmaba la supremacía de la Iglesia sobre la autoridad secular; la aprobación que dieron los obispos a la LNDLR para iniciar un boicot económico. Calles responde con un decreto que ponía en vigencia el artículo 3o. de la Constitución y cierra escuelas y conventos, y decide deportar a unos doscientos sacerdotes extranjeros. Nuevamente le cedemos la palabra a Juan Rulfo en una de las tantas entrevistas que concedió:

> Es que hubo un decreto en donde se aplicaba un artículo de la Revolución, en donde los curas no podían hacer política

en las administraciones públicas, en donde las iglesias eran propiedad del Estado, como son actualmente. Daban un número determinado de curas para cada pueblo, para cada número de habitantes. Claro, protestaron los habitantes. Empezaron a agitar y a causar conflictos.

El 31 de julio del mismo año, la jerarquía católica abiertamente se pronunció en contra del gobierno federal suspendiendo el culto en todos los templos del país; además, se les ordenó a los feligreses retirar a sus hijos de las escuelas públicas. Al fracasar el boicot económico, la LNDLR decide recurrir a una lucha armada. La Cristiada "fría" —por analogía con la "Guerra Fría"— pasa en la siguiente etapa, la de la lucha abierta.

La incongruente política de los gobiernos revolucionarios no proporcionó ningún alivio a los grupos de la población más pobres, sobre todo en las zonas rurales y, para colmo, les negó la posibilidad del consuelo que da el hecho de ir a escuchar misa, aunque hubiera sido —según los gobernantes— con la mejor de las intenciones. Nunca sabremos desde qué punto de partida se midió la participación del Vaticano en la Cristiada pero, como apuntan algunos historiadores, siguiendo los consejos de la Santa Sede, las autoridades eclesiásticas se abstuvieron de pronunciarse manifiestamente en apoyo a la lucha armada. No obstante, se sabe a ciencia cierta que varios sacerdotes tomaron parte en dicha lucha como capellanes. Rulfo nos narra cómo era la participación de los curas en la lucha:

> Los curas de la costa siempre traen pistola, son curas "bragados". El cura Sedano de Zapotlán el Grande (ciudad Guzmán) raptaba muchachas y se aprovechó de la cristiada para alzarse en armas, lo mismo que el de San Gabriel y el de Jiquilpan. A Sedano lo colgaron en un poste del telégrafo.

Sin embargo, aunque a la cabeza de la insurrección estaban varios curas (como Vega y Pedroza), también entre sus dirigentes se encontraban personas laicas, como los generales Enrique Gorostieta, Ramón Aguilar o José Gonzalo Escobar. Su programa se reflejó en la llamada Constitución Cristera que buscaba remplazar la Carta Magna de 1917, con la cual se anulaban tanto sus disposiciones que concernían a la Iglesia, como las de la reforma agraria.

La Iglesia nunca apoyó abiertamente a los cristeros ni a la LNDLR; por el contrario, estaba a la expectativa: el obispo Pascual Díaz afirmaba en esos días que la Iglesia no apoyaba la rebelión pero tampoco le había prohibido a la LNDLR unirse a los rebeldes cristeros en la "defensa armada". A finales de diciembre, la LNDLR emitió el manifiesto intitulado "A la Nación", en el cual embestía contra "el dominio implacable de un régimen de bandidos armados sobre un pueblo indefenso, honorable y patriótico". He aquí parte de su sentir en cuanto a este polémico movimiento:

> La destrucción de la libertad religiosa y política, de la libertad de la educación, los sindicatos y la prensa; el negar a Dios y la creación de una juventud atea; la destrucción de la propiedad privada a través del saqueo, la socialización de la fortaleza nacional; la ruina del trabajador libre por medio de organizaciones radicales; el repudio de las obligaciones internacionales; tal es en substancia, el programa monstruoso del régimen presente. En suma, la destrucción deliberada y sistemática de la nacionalidad mexicana.

El manifiesto mencionaba el "sagrado derecho a la defensa" como un motivo para recurrir a una sublevación armada, y proclamaba "la necesidad de destruir para siempre el dominio perverso de las facciones para crear un Gobierno nacional".

Puesto que los cristeros no contaban con las fuerzas necesarias (12,000 hombres en 1927 y 20,000 en 1929), el movimiento cristero, aunque dejó una cicatriz en el alma del pueblo, nunca tuvo la posibilidad de alcanzar la victoria contra el gobierno de Calles; éste último, que carecía del profundo apoyo popular, tampoco contaba con la fuerza necesaria para abatir de una manera violenta al movimiento cristero, mientras que en el camino de una pacífica resolución de esta crisis se interpusieron ciertos actos violentos, como el asesinato de Álvaro Obregón, quien acababa de comenzar su segundo periodo presidencial, cometido por un católico militante. La Cristiada se encontraba en un callejón sin salida. Desgraciadamente, se recurrió a la peor solución que puede buscar un país que pretende ser independiente: se recurrió a la Tercera fuerza, al Gran Vecino del norte. Esta solución, quizá no maléfica en sí, da la impresión de que casi ningún problema interno —ya sea político, cultural o económico— se puede solucionar sin la intervención del árbitro norteamericano, mientras que cuando Estados Unidos atraviesa por alguna crisis, el país y sus gobernantes prefieren resolverla sin la mediación de ninguna otra nación, a menos que lo considere necesario.

Dwight Morrow, el amigo cercano del presidente estadounidense Calvin Coolidge, aparece en México en calidad de Embajador de Estados Unidos el 23 de octubre de 1927. Los primeros meses de su estancia en México los dedicó a la resolución de la cuestión petrolera y la lucha contra los artículos de la Constitución de 1917 relacionados con el derecho de la nación mexicana de ser el único dueño del petróleo. Solucionado este problema a favor de Estados Unidos (con circunstancias bastante tenebrosas), Morrow procede a abordar el problema de la Cristiada. Se organizan varias reuniones entre Calles y los obispos mexicanos pero el asesinato del recién electo presidente Obregón el 17 de julio de 1928 retrasó el arreglo, el cual, aun así, finalmente se concertó; esto dio por terminada la rebelión cristera: el ejército cristero se rinde, el gobierno se compromete a no intervenir en los asuntos religiosos y la iglesia católica acepta reanudar los servicios, lo cual se llevó a cabo con la reapertura de las iglesias el 30 de junio de 1929.

Rulfo, en su cuento "La noche que lo dejaron solo", mostró lo absurdo y lo doloroso de esta guerra civil que nadie necesitaba, de la cual nadie salió ganador pero todos perdieron. En una plática con Carlos Fuentes, el escritor recordaba que en su pueblo nadie podía salir a la calle: "[los cristeros] entraban a galope tendido y tirando balazos, y sobre todo por la calle donde vivíamos, porque allí estaba el cuartel. Mientras los soldados se subían a la torre de la iglesia, ellos [los cristeros] desde ahí pasaban disparándose, echando bala".

La importancia de la Guerra Cristera radica en que fue un movimiento de masas, al igual que la Revolución y que, al igual que la primera, dividió al país en dos; en otras palabras, prácticamente se convirtió en una guerra civil que duró más de tres años, aunque no fue sino hasta 1938 que se logró la paz, cuando el Presidente Cárdenas suspendió la legislación anticlerical.

La época de crisis

Todos estos acontecimientos, aunque en cierta medida beneficiaron a una parte de los mexicanos, en la mayoría dejaron un amargo sabor de boca, así como una sensación de desesperanza y futilidad de todos los esfuerzos. Los años de lucha armada, las miserias y los infortunios no se convirtieron, contrario a lo que se pensaba, en un pesado pero necesario sacrificio en aras de un mejor futuro para todos; a escasos años después de la Revolución —y hasta la fecha—, los dirigentes del estado mexicano, en su papel de defensores de amplios sectores de la población, ya se habían hecho de fortunas aprovechándose de la corrupción imperante, circunstancia que produjo una desilusión en la ideas revolucionarias. El sistema político mexicano comienza a enfrentar una serie de movimientos en protesta de la situación desfavorable para la mayoría. El primer obstáculo —aunque no el último— fue el llamado movimiento vasconcelista.

José Vasconcelos, el primer Secretario de Educación en el gobierno de Álvaro Obregón, entró en conflicto con el régimen del General Calles tras un intento fallido por ocupar el puesto del Gobernador de Oaxaca; en 1929 se postuló como el candidato de la oposición junto con el candidato del partido gobernante, el ingeniero Pascual Ortiz Rubio. Si bien su programa no recibió un apoyo en las zonas rurales, sí fue acogido con entusiasmo en las ciudades. Vasconcelos perdió las elecciones, aunque afirmaba que había sido él quien había triunfado en ellas. Como apunta uno de los colaboradores de *Historia general de México*, Lorenzo Meyer,

Vasconcelos no contaba con el apoyo militar, hecho que lo llevó al exilio.

A esta crisis le sigue otra, nuevamente transformada en la lucha armada, que surgió a partir del abandono del principio de la no reelección en 1928 con el ascenso al poder de Álvaro Obregón. El General Francisco R. Serrano, Secretario de Guerra, y Arnulfo R. Gómez, Jefe de Operaciones Militares en Veracruz, se declararon en contra del rompimiento del objetivo principal de Madero; Gómez se levantó en armas en Veracruz. Sin embargo, el 5 noviembre de 1928 el General Serrano fue arrestado y fusilado en Cuernavaca.

En 1928 Calles, con el fin de darle apariencia de unidad al abigarrado paisaje político mexicano, propulsa la creación del Partido Nacional Revolucionario, partido que hoy en día conocemos como Partido Revolucionario Institucional (PRI), que con el paso de los años ha causado y sigue causando revueltas. Se suponía, además, que serviría para dejar atrás el caudillismo de los primeros años revolucionarios y ayudaría a formar el mecanismo de la transmisión de poder por medios pacíficos. De un modo u otro, sí sirvió para este fin, aunque el país estaba a punto de hundirse en otra crisis en 1940, pero a la larga el precio que se pagaría por un fuerte sistema presidencialista que se sostenía por un solo partido oficial (a pesar de que había más de mil hacia 1929) resultó demasiado alto para México. Como apunta al respecto Carlos Monsiváis:

> ¿Cuáles son los alcances de un presidente? Extraordinarios, en cierto modo: nombra y protege, concede, coarta o facilita la corrupción, es la medida de toda carrera política, le da el tono a los estilos de su sexenio. En otro sentido no parecen serlo tanto: en el terreno de las transformaciones fundamentales. Si este poder no es minimizable, tampoco es magnificable. Pero el presidencialismo es la teoría de la desmesura, y el mito del presidencialismo que implanta las formaciones burocráticas, simplemente no toma en cuenta el orden finan-

ciero internacional, el imperialismo norteamericano, las prohibiciones y los intereses de la Iglesia católica, el capitalismo nacional, la autonomía creciente de la burocracia, el 'independentismo' policiaco, las estructuras mismas del país en suma.

Así pues, el sistema político mexicano, actuando con diversos medios más o menos perjudiciales para el país, logró una aparente estabilidad. Se buscaba conciliar los intereses de diversos sectores de la población: beneficiando tanto a la clase baja como a la burguesía nacional, e intentando al mismo tiempo fomentar el desarrollo de un fuerte grupo de empresarios nacionalistas —meta que resultó inalcanzable. Terminados los alborotados años de la Revolución y la lucha posrevolucionaria, el país se encontraba frente a la acuciante necesidad de modernización. Pero la consecuencia quizá más importante que nos interesa en este contexto es la reacción de aquellos en cuyo nombre, supuestamente, se llevó a cabo la Revolución. Ésta generó esperanzas en amplios sectores de la población que respondieron con entusiasmo al cambio de poder en nombre de un mejor futuro, pese a los infortunios que habría que soportar. El historiador Genaro Eduardo Zenteno Bórquez apunta que la hipocresía de los que realmente se aprovecharon de la Revolución produjo "un gran escepticismo y una terrible desilusión acerca de la Revolución como lo muestra no sólo el movimiento cristero, sino también el vasconcelista". La manipulación de las esperanzas de millones y la apariencia de cambios produjeron en ellos un desencanto que acompañaría, de alguno u otro modo, la vida política y social en México del siglo XX. "Porque a nosotros nos dieron esta costra de tepatate para que la sembráramos", como dice el héroe de uno de los relatos rulfianos. Durante el gobierno de Álvaro Obregón (1920-1924) apenas fueron repartidas un millón seiscientas hectáreas de tierras; y sólo en 1934, durante el cardenismo, se repartieron otras quince millones de hectáreas. Hay que tener en consideración, además, que no siempre los destinatarios de las tierras fueron los campesinos, como hacía notar Rulfo:

> La tierra, más que entre los campesinos, se distribuyó entre los obrajeros, albañiles, zapateros, peluqueros. Eran los únicos que formaban comunidad. Para formar una comunidad se necesitaban veinticinco personas. Se reunían veinticinco personas y solicitaban tierras. Los campesinos no las pedían. La prueba está en que hasta la fecha los campesinos no tienen tierras. Es que el campesino estaba muy allegado al hacendado, al patrón.

El costo total para el país: 825 mil personas, una grave crisis en todos —con la excepción del petróleo— los ámbitos de la economía, la falta de resolución de los amenazantes problemas sociales. A pesar de ciertos logros, la tendencia por conservar las injusticias sociales —que sólo se confirmaron en 1968— hizo que muchos, incluyendo al mismo Rulfo, se sintieran distanciados de los gobiernos "revolucionarios" o "de cambio". Así era el México donde crecía y buscaba sus propios caminos Juan Rulfo.

Para terminar esta sección, parece adecuado incluir aquí las palabras del dramaturgo mexicano Rodolfo Usigli:

> A la gran mentira de todos los tiempos —la esperanza— se suma entonces en los caminos de la revolución un procedimiento destinado a inflar, a decorar y a publicar las mentiras individuales. Este procedimiento es viejo y sus raíces se hunden en la antigüedad griega. Me refiero a la demagogia. Cada partido revolucionario tiene sus demagogos o cantores. La demagogia no es otra cosa que la hipocresía mexicana sistematizada en la política. Es el lenguaje siempre hablado y jamás escrito —aunque impreso— por el que los candidatos y las instituciones políticas encarecen y disfrazan sus intenciones y sus conquistas hasta darles un aspecto universal y moderno. La demagogia entre nosotros suple a la realidad, excita la actitud de *creer* y tiende a precipitar el proceso de

colectivización de las mentiras; pero no es una u otra, sino el instrumento de todas ellas.

Dicho eso, la experiencia que nos queda como pueblo es tratar de mantener siempre una actitud crítica ante los eslóganes de nuestros gobernantes. Si bien es cierto que aún queda gente honesta en nuestro país, también es cierto que nuestra responsabilidad como mexicanos es defender nuestros derechos y hacerlos valer ante cualquiera que quiera aplastarlos. Con ello no resumimos que hay que mantenernos en una posición incrédula, pero sí estar alerta a lo que pudiera presentarse. Como pueblo, sabemos que los antecedentes históricos de nuestro país han dejado huella, y que siempre mantendremos encendida la velita de la esperanza, pero también hay que luchar para impedir que nuestro México se hunda de una vez por todas y para siempre. La demagogia, la manipulación y la mentira, aunque siguen rondando por todo México, no son un invento mexicano, pues con gran eficacia se emplean en otros países, tanto industrializados como en los que están en (el perpetuo) desarrollo.

1944: El detonardor del futuro mexicano

La voracidad sin límite de los gobernantes y de los que pertenecen a la clase alta, el desperdicio de recursos económicos, la destrucción de los recursos naturales, la irracionalidad de los tratados para atraer a inversionistas, el derroche en la planificación de grandes obras, la inmigración desenfrenada de campesinos mexicanos en búsqueda vana del sueño americano, la injusticia con el que menos tiene y la justicia para el que puede comprarla: todos estos temas parecieran atañer al presente, al México de hoy, al mundo que enfrentamos día con día y que no sabemos si estaremos vivos para luchar contra un nuevo amanecer, o si seremos almas en pena en busca de la paz, de la tranquilidad flotante más allá de lo mundano. Paradójicamente, todo lo anterior no sólo describe al México actual, sino al México del ayer, al México recién entrado en el mundo capitalista, al México sobre el cual escribe Juan Rulfo: el México de 1944.

Debido a la gran influencia de hechos históricos que se palpa en la obra de Rulfo —como se menciona en otros capítulos de este libro— vale la pena detenerse en este año tan lleno de controversias, enfrentamientos, desilusiones, añoranzas y demás sentimientos que son el espejo de aquellos cuentos rulfianos donde predomina el desencanto y la desesperación por hallar un México nuevo, más justo con sus hombres del campo. Así pues, sumerjámonos en el México de 1944 para, posteriormente, sumergirnos en el mundo de Rulfo: el mundo de la denuncia social y política.

En este año, comenzó el verdadero hundimiento de nuestro país al verse derrumbado el sueño de un México nuevo, un México con nuevas esperanzas y beneficios para la mayoría de la población. El gobierno de Lázaro Cárdenas había luchado por poner en práctica un importante proyecto revolucionario de vida que mejoraría la situación económica, física, emocional y cultural de una gran parte de sus habitantes, incluyendo a aquellos campesinos olvidados en los rincones más alejados del país. No obstante, cuando Lázaro Cárdenas estaba por dejar la silla presidencial, su intención se vio frustrada. Lo increíble de todo esto —que ahora ya no nos sorprende en absoluto— es que el futuro del país no dependería de la burguesía que contaría con el apoyo de Ávila Camacho para darle rienda suelta a sus ambiciosos planes. Contrario a los planes de unos y según lo previsto por otros, la Segunda Guerra Mundial traería como consecuencia la desgracia para México que aún nos persigue, y el regalo perfecto para un país poderoso que regiría desde entonces el destino de su vecino del sur, ese país que todavía se conoce como la potencia del mundo: Estados Unidos.

Para 1944 ya era evidente la entrega no sólo de México, sino de otros países de Latinoamérica, bajo la promesa de recibir beneficios provenientes de la nación más poderosa del continente siempre y cuando cooperaran con ella. Cuán certera fue su proclamación al gritar a los cuatro vientos "*America for the Americans*" ("América para los americanos"), pues ¿acaso América no se refiere al continente americano, el cual nos pertenece a todos los que nacimos ahí, y no sólo a los estadounidenses? Quizá se vieron favorecidos al llamarse "ingenuamente" a sí mismos como *Americans*, o quizá haya sido una jugarreta de la característica polisémica de esa palabra inglesa que "inconscientemente" benefició al pueblo vecino localizado al norte de México. De cualquier forma, América pasaría a manos de Estados Unidos como una propiedad que vigilaría y administraría pero, sobre todo, explotaría. Este hecho dio la pauta para fortalecer el renacimiento del imperio en México (según los pensamientos de Lenin, el imperialismo es el siguiente —y lógico— paso en el desarrollo del capitalismo).

Por desgracia para muchos, en 1944 México se enfrentaría a pugnas de intereses y a luchas políticas internas, lo que daría como resultado el inicio de la ruptura de nuestra nación. Quizá la forma más viable de introducir el desarrollo autónomo del capitalismo habría sido un repartimiento que mejorara la calidad de vida de la mayor parte de la población y un aprovechamiento razonable de los múltiples recursos con los que contaba México; sin embargo, la voracidad de los gobernantes fue más poderosa que su deber moral para con los mexicanos y su patria. Desde aquel entonces bien se habría podido reestructurar el plan laboral, escolar y de atención médica, para mejorar el nivel de vida de todos o, por lo menos, de la mayoría de los habitantes de nuestro país; esto con el fin de combatir el índice de pobreza y marginación que empezaba a inundar un país tan rico en recursos pero tan pobre en gente honrada y dedicada a velar por los intereses nacionales.

Este México cabizbajo será testigo de las obras de diversos autores que, en un intento por defender su patria y pronunciarse en contra de las injusticias sociales en ese año vividas, reflejarían la verdad de un país contradictorio y sus actores: Estados Unidos, personaje primario; políticos mexicanos y burguesía, personajes secundarios; México y su pueblo... títeres.

Una de las pocas ventajas que este año vio nacer, fue la Ley del Seguro Social que se decretó en el mes de mayo de 1943 y tuvo vigencia a partir de enero de 1944. Ávila Camacho estaba consciente de la imperante necesidad de abatir los altos índices de mortalidad que podrían impedir el desarrollo de su país. El objetivo principal era brindar atención médica a todos los trabajadores como recompensa a la labor desempeñada durante la jornada laboral. Mas esta

Ley no fue bien aceptada pues muchos sectores patronales, incluso sindicatos, intentaron boicotearla. Por ejemplo, la clínica número 8, por el rumbo de San Ángel en la Ciudad de México, fue apedreada en el mes de marzo por un grupo de obreros que trabajaban en fábricas ubicadas cerca del lugar. Afortunadamente, el Seguro Social logró afianzarse y mantenerse vivo entre los trabajadores, lo cual hasta hoy en día es un beneficio para aquellos que no pueden darse el lujo de pagar atención médica privada, aunque su pésima administración y —una vez más— el fuerte conflicto de intereses personales también está trayendo consecuencias malas que en un futuro serán aún peores.

Para este año tan decisivo en el curso de la historia de México, casi el 50% de la población era analfabeta, por lo que Jaime Torres Bodet, el entonces Secretario de Educación Pública, emprendió una Campaña Nacional de Alfabetización pues sentía un gran compromiso por cambiar la situación que enfrentaba la sociedad mexicana. Es por ello que impulsó la construcción de aulas para incrementar el número de escuelas y reducir así el porcentaje de iletrados.

En 1944, la impartición de cátedra de la Universidad Nacional ya no seguiría la línea política, ahora sólo se dedicaría a formar profesionistas que aportaran sus conocimientos en beneficio de la sociedad en la que vivían. Asimismo, la UNAM recibió un subsidio considerable, el cual le permitió crear nuevas escuelas y dependencias, como la de Biblioteconomía y la Hemeroteca Nacional, entre otras.

Tras un panorama general que describe a *grosso modo* la situación de México en el año de 1944, podremos analizar y entender aún mejor el trabajo de un autor mexicano que dejó huella no tanto por la cantidad de sus obras, sino por el trasfondo que éstas conllevan; un escritor fiel a su ideología, a su país, a su estado, a su gente... Así era Juan Rulfo.

Desde años atrás el mundo literato ya había atraído la atención del escritor, quien aprovechó su talento para plasmar en sus obras un espacio novelesco devastado por la violencia y habitado sólo por ánimas en pena. Rulfo hace uso de un nuevo lenguaje en una nueva forma novelística, cuya trama se desarrolla en comunidades campesinas, mantenidas en la marginalidad y el olvido, aunque el "generoso" gobierno mexicano hiciera creer lo contrario:

> [...] El delegado no venía a conversar con nosotros. Nos puso los papeles en la mano y nos dijo:
>
> – No se vayan a asustar por tener tanto terreno para ustedes solos.
>
> – Es que el Llano, señor delegado...
>
> – Son miles y miles de yuntas.
>
> – Pero no hay agua. Ni siquiera para hacer un buche hay agua.
>
> –¿Y el temporal? Nadie les dijo que se les iba a dotar con tierras de riego. En cuanto allí llueva, se levantará el maíz como si lo estiraran.
>
> – Pero, señor delegado, la tierra está deslavada, dura. No creemos que el arado se entierre en esa como cantera que es la tierra del Llano. Habría que hacer agujeros con el azadón para sembrar la semilla y ni aun así es positivo que nazca nada: ni maíz ni nada nacerá.
>
> – Eso manifiéstenlo por escrito. Y ahora váyanse. Es el latifundio al que tienen que atacar, no al Gobierno que les da la tierra[32].

El diálogo anterior es una pequeña muestra del lenguaje que utilizaba Rulfo para reflejar el habla de los campesinos dentro de un ambiente rural, en el que por ser pobres se les desdeña y se les hace creer que el gobierno, su gobierno, vela por ellos pero su ignorancia les impide que se den cuenta del engaño. De este modo, el escritor mexicano trata de hacer reflexionar a su lector en cuanto a las grandes injusticias que sufría esta gente pobre que no podía hacer nada más que cruzarse de brazos y esperar a recibir las limosnas

---

[32] Juan Rulfo, "Nos han dado la tierra", en *El llano en llamas*, pp. 12-13.

de los gobernantes. En "Nos han dado la tierra", uno de los cuentos más importantes de Juan Rulfo incluido en su libro *El llano en llamas*, se muestra claramente la condición de vida de la gente mexicana pobre que vive en los poblados más alejados de la capital.

Otro de los conflictos reales que Rulfo plasmó en sus obras fue la erradicación de la prostitución en los hoteles de paso. Para el famoso año de 1944, una de las tantas preocupaciones de los gobernantes mexicanos era hacer de México un país limpio de vicios, por lo que se lanzó una gran campaña contra la prostitución. Sin embargo, un dato curioso es que con esta campaña no se buscaba desaparecer por completo el comercio carnal, sino que el propósito se centraba en reprimir y extorsionar a algunos sectores que estaban involucrados en este negocio. En uno de los encabezados del periódico aún existente *Excélsior* se mostraba el primero de enero de 1944 la siguiente frase publicitaria: "Plan general de moralidad y honradez en hoteles metropolitanos. Parejas sin equipaje no encontrarán hospedaje".

Pareciera que la moralidad de nuestro país era lo importante: seguir inculcando valores a las futuras generaciones, presentar ante el mundo a un México conservador, puro, limpio, alejado de vicios y de la atracción carnal que sólo llevaba al hombre a la perdición. Sin embargo, existe la duda de cuál era el principal objetivo de esta campaña: ¿acaso no era un mero pretexto para tratar de hacer que la relación entre el gobierno y el clero mejorara; o quizá más relevante aún era el propósito de mejorar la imagen del régimen de Ávila Camacho?

No sólo hoy en día palabras como "adicciones", "enfermedades de transmisión sexual", "VIH/SIDA", están en boca de todos. En aquella época también se escuchaban en la radio o se leían en el periódico palabras, si bien no idénticas sí muy relacionadas, como "vicio" o "enfermedades secretas". Es curioso cómo en pleno siglo XXI hay un gran interés por descubrir la cura contra el SIDA o por tratar de controlar las enfermedades venéreas que cada vez son más frecuentes en nuestro país, y en este tan controversial año de 1944 también había una gran preocupación por ganar la lucha contra el contagio de enfermedades por transmisión sexual, pues apenas se empezaba a emplear la penicilina en México como antibiótico para tratar este tipo de enfermedades.

Nuevamente, Rulfo logra reflejar la preocupación por lo que en ese entonces ocurría en cuanto a las enfermedades venéreas en su cuento intitulado "Talpa", donde Tanilo Santos, el personaje central de esta obra, emprende una peregrinación a Talpa con la ferviente esperanza de que la virgen milagrosa de esa población lo cure:

> La idea de ir a Talpa salió de mi hermano Tanilo. A él se le ocurrió primero que a nadie. Desde hacía años que estaba pidiendo que lo llevaran. Desde hacía años. Desde aquel día en que amaneció con unas ampollas moradas repartidas en los brazos y las piernas. Cuando después las ampollas se le convirtieron en llagas por donde no salía nada de sangre y sí una cosa amarilla como goma de copal que destilaba agua espesa. Desde entonces me acuerdo muy bien que nos dijo cuánto miedo sentía de no tener ya remedio. Para eso quería ir a ver a la Virgen de Talpa; para que Ella con su mirada le curara sus llagas. Aunque sabía que Talpa estaba lejos y que tendríamos que caminar mucho debajo del sol de los días y del frío de las noches de marzo, así y todo quería ir. La Virgencita le daría el remedio para aliviarse de aquellas cosas que nunca se secaban[33].

Los propietarios de muchos hoteles de paso solicitaron un amparo para que se reconsideraran las medidas que se habían dictado a favor de esta campaña contra la prostitución en hoteles. No obstante, no tuvieron al juez de su parte pues el fallo fue en su contra. Tal parecía que había renacido una

---

[33] Juan Rulfo, "Talpa", en *El llano en llamas*, p. 57.

sociedad mexicana consciente del mal que la rodeaba y estaba dispuesta a erradicarlo, por lo que ahora no sólo debía luchar contra las enfermedades contagiosas, sino contra las obscenidades y los temas inmorales, como el divorcio, por ejemplo.

Junto con esta campaña en contra de la inmoralidad, la sociedad mexicana sufría una división: la gente bien (como hoy en día también se conoce a los *juniors*, los de la alta, los adinerados) y el vulgo (el pueblo, el populacho, los pobres, los nacos —palabra mal empleada, por cierto, por los ignorantes para designar a la gente de escasos recursos y a los irrespetuosos por igual, cuando en realidad denota la falta de educación y respeto a los demás sin importar la clase social a la que pertenezcan). Siguiendo con el objetivo de arraigar valores en los mexicanos, se promulgaron leyes para limitar las actividades en los tan famosos cabarets de aquella época, así como en los salones de baile. El cine, por su parte, también sufrió cambios pues ahora sólo los adultos podían asistir a las funciones donde proyectaban películas de desnudos.

En cuanto a la mujer, ésta no se quedaba atrás en este año lleno de moralidad por doquier: en 1944 se glorificó a la imagen de la abnegada madre mexicana, hecho con el que se pretendía elogiar a la mujer y madre, a tal punto que años más tarde se construyó, incluso, el famoso "Monumento a la madre" con la "conmovedora" inscripción que decía: "A la que nos amó antes de conocernos" (a la cual décadas después, en 1998, se agregó otra placa: "Porque su maternidad fue voluntaria", colocada por el movimiento feminista) . No obstante, esta intención "tan a favor de la mujer" fue contradictoria pues el ser mujer era —y aun sigue siendo— motivo de desigualdad: para mediados de año se seguía otorgando el derecho a voto a la mujer mexicana en muchos estados de la República; la virginidad —como todavía para muchos— era lo que hacía valiosa a una mujer; además de buena ama de casa, la mujer debía cumplir con el exigente rol de ser esposa y madre a la vez. Pero no hay que confundirnos, la imagen de antes no era como la de hoy: la mujer actual puede ejercer sus derechos libremente: estudiar, trabajar, salir adelante por méritos propios, casarse y tener hijos cuando ella así lo decida y con el hombre que ella escoja y, aunque hasta cierto punto dista de estar al mismo nivel que el hombre, ya se le considera como a un humano pensante y sensato que ocupa un lugar en la sociedad.

A diferencia de este concepto de mujer, la hembra del ayer, la verdadera mujer, tenía que ser abnegada, dócil, sufrida, callada, obediente, dedicada a aceptar los hijos que Dios le mandara, a criarlos, a atender su casa y a su marido. El cine no perdió oportunidad para cumplir este encargo social reflejando al propuesto modelo de mujer, aunque ésta no desempeñaba el papel principal; no, el protagonista era el macho, un Jorge Negrete bravo, muy hombre, mandón, fuerte, conquistador y bien atendido por cuanta mujer se le acercaba. Así, se deduce que los personajes que representaron alguna vez Sara García como la madre perfecta y Joaquín Pardavé como el hombre modelo a seguir representaban a la sociedad mexicana de aquella época llena de contradicciones.

En cuanto al panorama mundial, nuestro país enfrentaba una etapa de sacrificios; la Segunda Guerra Mundial estaba en pleno apogeo y —contrario al sentir de los mexicanos— el gobierno se había promulgado a favor de Estados Unidos, lo que trajo como consecuencia el comienzo de la gran pesadilla de este país que aún se conoce como potencia del mundo: la migración de mexicanos a Estados Unidos como braceros o al frente de batalla. ¿Qué le da Estados Unidos a los mexicanos? Hasta la fecha es una incógnita, pues con la reciente invasión de Estados Unidos en Irak muchos mexicanos prefirieron ir al frente y morir por un país que no los vio nacer, en lugar de quedarse al lado de sus familias para seguir luchando. Si bien es cierto que

México atraviesa por una situación económica y política difícil, también es una realidad que el mundo en general está en crisis. Lo que no es concebible es que nuestros compatriotas se inclinen por favorecer a un país que nos robó la mitad de nuestro territorio —claro, ayudado por mexicanos que no les importó vender gran parte de sus tierras— y que aún nos sigan manejando como si fuéramos sus marionetas.

Este asunto de la migración va de la mano con la riqueza petrolera que México poseía en aquel tiempo. Dado que uno de los principales recursos con los que nuestro país contaba era el petróleo, en abril de 1943 se había creado la Comisión México-Norteamericana de Cooperación Económica (algo similar al Tratado de Libre Comercio), cuyo objetivo era firmar convenios para que ambos países se "beneficiaran" mutuamente: Estados Unidos obtenía garantías de que México lo apoyara con las materias primas que necesitaba, y México "sacaría provecho" de las inversiones que Estados Unidos haría en su país vecino.

Para 1944, Estados Unidos se vio favorecido con esta cooperación mutua pues, debido a su participación en la guerra, necesitaba que México lo proveyera de petróleo. Sin embargo, México estaba marginado a los trabajos de refinería, por lo que Estados Unidos "generosamente" decidió otorgar un crédito a nuestro país por diez millones de dólares para cooperar con la renovación de la refinería de Azcapotzalco[34].

Al igual que en la actualidad, México recibió elogios en aquel entonces porque era un excelente vecino del sur al apoyar a Estados Unidos en la guerra, y al proveerlo de lo necesario para participar exitosamente en la guerra. Mientras que los estadounidenses se iban a la guerra para de-

[34] Este dato histórico se ve muy interesante a la luz de las noticias recientes acerca de la construcción de una planta gasificadora en las islas Coronado en Baja California.

fender su patria, muchos de los braceros procedentes de México los sustituyeron en las fábricas, sin importar que las tierras mexicanas se quedaran abandonadas; los trenes que partían hacia la frontera iban abarrotados, lo importante era encontrar allá lo que no tenían en su país: los billetes verdes y a montones. Como consecuencia, Estados Unidos se enfrentó a un exceso de entrega de las famosas *green cards*, que representaban la estabilidad económica de los mexicanos y sus familias que no podían conseguir trabajando sus propias tierras. No obstante, no sólo la frontera vivía en carne propia este desorden: tal y como vemos actualmente a los cañeros, a los zapatistas, a los maestros, a los sindicalizados de la compañía de Luz y Fuerza, así se veían por las calles de la capital a los campesinos aspirantes a braceros que buscaban desesperadamente conseguir la visa estadounidense para trabajar en el gran país del norte:

> – Me voy pal Norte.
>
> – ¿Y allá pos pa qué? ¿No tienes aquí tu negocio? ¿No estás metido en la merca de puercos?
>
> – Estaba. Ora ya no. No deja. La semana pasada no conseguimos pa comer y en la antepasada comimos puros quelites.
>
> – [...] Y ¿qué diablos vas a hacer al Norte?
>
> – Pos a ganar dinero. Ya ve usté, el Carmelo volvió rico, trajo hasta un gramófono y cobra la música a cinco centavos. [...] Así que usté ve; no hay más que ir y volver[35].

Este pequeño diálogo es tan sólo una probadita de la problemática de la inmigración que Juan Rulfo expone en su cuento "Paso del Norte". Desafortunadamente, no es una realidad que quedó en el pasado, es un hecho preocupante que México sigue presenciando. Pareciera que el conflicto sólo es para Estados Unidos al tener que enfrentarse al problema de la migración de mexicanos, guatemaltecos, cuba-

---

[35] Juan Rulfo, "Paso del Norte", en *El llano en llamas*, pp. 131 y 132.

nos y de indocumentados de muchos otros países emergentes en busca de una mejor calidad de vida. Por el contrario, esta gente que va en busca del sueño americano y de un mejor porvenir económico para sus familias sufre humillaciones, hambres, frío, incomodidades, inestabilidad emocional, entre otros conflictos más, por lo menos hasta que logran establecerse un poco. Aquí en México o en su país de origen, tienen que dejar a su esposa e hijos, pagar una fuerte cantidad de dinero para que los llamados "polleros" los pasen al otro lado; después, llegando allá —si corren con suerte y los polleros no los estafan y si "la migra" no los agarra— se enfrentan con la barrera del idioma, con la falta de un techo donde puedan resguardarse del frío, el calor, la lluvia, la nieve. Una vez que logran conseguir trabajo, pueden darse el pequeño lujo de rentar un departamento donde vivirán, a veces, hasta treinta ilegales más, todos amontonados y con un solo baño para todos. Cuando empiezan a juntar su dinerito lo ahorran y tratan de gastar en lo indispensable para mandarle lo más que puedan a sus esposas; pareciera que todo les está saliendo de maravilla y su sueño por fin se está viendo realizado, pero aquí vuelven a tener un enfrentamiento con el destino infame que los persigue: o se dedican a juntar dinero para mandárselo a su familia sin saber con certeza si su mujer está "haciendo su vaquita" para cuando su esposo regrese y puedan poner ese negocio que tanto soñaron y que ahora los va a sacar de apuros, y además podrán construir su casita de ladrillo y dejar esa de adobe o de lámina que tenían; o se encuentran por ahí a una muchachota joven, sin compromiso y sin hijos que la amarren, y deciden empezar una nueva vida al lado de una nueva mujer, en un nuevo país.

Entonces, la interrogante es ¿para qué luchar contra una sociedad inmoral si la inmoralidad nos sigue a todas partes? Ésta es una cuestión de principios que depende de cada ser humano y de las decisiones que tome en cuanto a cómo llevar su vida, pero el sufrimiento que afecta no sólo a los "mojados", sino a toda una población, se debe a las resoluciones políticas y a los intereses particulares de los gobernantes. Por ello, Juan Rulfo —en un intento por hacer reflexionar, si no a los mandatarios, burócratas o personas que tienen el poder de decidir el destino de un país, sí a su lector, a todo aquel que no se deja deslumbrar por la riqueza hecha a base de la pobreza de los demás— decide escribir sobre las crisis por las que su México atravesaba en aquellos años.

La inmigración, la desigualdad social, la injusticia, la figura de la madre abnegada, la del México moral, la del títere del más fuerte y la situación en general de su país son algunos de los temas que se pueden encontrar en los cuentos de Juan Rulfo, que aunque pocos, son muy representativos de nuestra sociedad. Así es como el escritor mexicano armaba sus rompecabezas literarios para reflejar la idiosincrasia de los braceros, de los desvalidos, de los campesinos sin tierra, de su gente.

El mundo literario de Rulfo: denuncia y esperanza

En el mundo literario, la obra de algunos autores parte del mundo real, mientras que otros prefieren dejarse llevar por su imaginación y mezclar dos mundos, el real y el irreal, hasta construir su propia realidad dentro de su obra. Juan Rulfo, por su parte, se inclinó por plasmar hechos verídicos que transcurrieron a su alrededor. El escritor mexicano presenta al hombre de pueblo cuyo destino es vivir en la pobreza y luchar contra las adversidades que la vida le presenta día con día: la "cosecha" de una tierra árida que no da fruto por la falta de riego o de interés por parte del gobierno para brindarles apoyo económico, el hambre, la desilusión, el trabajo arduo y mal pagado, la pobreza, el trabajador explotado, la ignorancia, la indiferencia del gobierno, la corrupción, la sed de venganza; en otras palabras, la supervivencia mediante el instinto animal.

Si se desconocen el estilo y la influencia de Rulfo, el lector podría tildar la obra del autor de fatalista y a los personajes de seres abatidos ante un mundo que jamás les brindará la oportunidad de reivindicar el rumbo de sus vidas. Sin embargo, no hay que olvidar que la principal fuente de inspiración de Juan Rulfo son los acontecimientos históricos de la Revolución Mexicana y de la guerra Cristera que los ojos del autor vieron transcurrir. El escritor mexicano en ningún momento pretende humillar ni minimizar al hombre. La lucha por la tierra, el hambre, la violencia, la falta de recursos económicos, la frustración, la insensibilidad y la muerte son tan sólo algunos de los temas que Rulfo presenta en su obra como signo de denuncia, de protesta en contra de los gobernantes ambiciosos que antes de cumplir con su labor y trabajar para el pueblo y por el pueblo decidieron beneficiarse de los recursos que le pertenecían a la nación, sin importar que para ello tuvieran que dejar en la miseria a la gran mayoría de los mexicanos con tal de que unos cuantos gozaran de privilegios y lujos ilegítimos (lo impresionante de todo esto es que el destino de México sigue un ciclo que nunca acaba: cada nuevo gobernante, cada nuevo gabinete sólo ve por su beneficio, y los pobres son cada vez más pobres, y la gente que antes podía medio comer ahora es más pobre, y la gente que tenía una calidad de vida más o menos estable ahora es pobre, y la gente que antes podía darse ciertos lujos ahora tiene una vida más o menos estable, pero ¿será que algún día nuestros ojos gozarán del privilegio de ver que el ciclo de la vida gire a la inversa y percatarse de que los pobres ya son ricos y los ricos... pobres? O ¿será que este ciclo nunca terminará y todo seguirá como hasta ahora: cada vez escucharemos las mismas promesas inalcanzables, incumplidas, hasta que todo México muera en la miseria absoluta?

Rulfo no se empeña en presentar personajes fracasados por naturaleza, simplemente son la manifestación de la atadura de manos que resulta de una época donde los intereses personales iban más allá del beneficio nacional.

El pobre, el desdichado, tiene que aprender a vivir con estos aspectos negativos y, aunque quiera salir adelante, siempre estará condicionado, oprimido, por los de arriba, los influyentes, los poderosos. Para comprender aún más la obra de Rulfo, partamos pues de la sinopsis y del análisis de algunos de los relatos de la colección de cuentos del escritor, *El llano en llamas*. Quizá este libro sea el punto de partida para entender la denuncia que Rulfo plasmó en unas páginas.

En el cuento "El llano en llamas", que se incluye en el libro que lleva por título el mismo nombre, se narran los recuerdos de un exrevolucionario de una forma fría, cruel, carente de remordimientos y desde una postura cínica e indiferente ante lo ocurrido, como si estuviese recordando experiencias maravillosas vividas en el ayer. El estilo empleado por el autor permite al lector imaginar al caudillo Pedro Zamora como una persona insensibilizada debido, tal vez, a las atrocidades enfrentadas durante la guerra. Es sorprendente que el objetivo de una acción se modifique a tal grado que las circunstancias y los deseos del hombre tomen otra dirección como pasó con Zamora.

> Los ocho soldaditos sirvieron para una tarde. Los otros dos para la otra. Y el que costó más trabajo fue aquel caporal flaco y largo como garrocha de otate, [...]. El caporal pareció no darse cuenta de lo que había pasado, porque todavía anduvo un buen rato sacudiendo la frazada de arriba abajo como si se anduviera espantando las avispas. Sólo cuando vio su sangre dándole vueltas por la cintura dejó de moverse. Se asustó y trató de taparse con sus dedos el agujero que se le había hecho en las costillas, por donde le salía en un solo chorro la cosa aquella colorada que lo hacía ponerse más descolorido. [...] Y allí se estuvo hasta que lo colgamos, porque de otra manera hubiera tardado mucho en morirse[36].

En la cita anterior, el narrador de este cuento —apodado "el Pichón"— recuerda cuando a Pedro Zamora le gustaba jugar al toro, pero con seres humanos. Sí, a los soldados que apresaban los mataba como si fueran animales, lo cual es una crueldad; no obstante, pareciera que para Zamora es una diversión y el lenguaje y la forma como se narran estas aventuras hace pensar al lector que para Zamora y su gente fue una experiencia más, pero para el lector en sí es un hecho aterrador, una conducta animal en seres humanos.

---

[36] Juan Rulfo, "El llano en llamas", en *El llano en llamas*, pp. 92-93.

En un principio, las intenciones del caudillo Zamora y su gente estaban enfocadas en hacer una revolución financiada con el dinero de los ricos con el fin de luchar contra las tropas del gobierno y demostrarles que ellos también eran fuertes y podían darles batalla. Quizá la intención primaria de esta gente sí era, en un principio, salir adelante, defender lo suyo y al pueblo, y defenderse ellos mismos de las injusticias. No obstante, la jugarreta del destino hace que todo cambie su rumbo y, tras una serie de fechorías (saqueos, homicidios, incendios y raptos), el desenlace de lo que en un principio se consideraba como una buena causa trae consigo el descarrilamiento de un tren, hecho que condenará a Zamora y sus hombres; así, los federales terminan por derrotarlos. Algunos de los hombres que luchaban del lado de Zamora lograron huir a donde podían, pero aun así agarraron a la mayoría. "El Pichón" cuenta que escuchó rumores de que Zamora había decidido huir a México, pero que ahí lo habían matado. A "el Pichón" lo encarcelan durante tres años. Una vez cumplida su condena, "el Pichón" queda libre y para su sorpresa aquella jovencita de aproximadamente catorce años a quien había robado lo está esperando: ahora ya es una mujer y va acompañada de un muchacho, el hijo de Zamora.

De esta manera, se puede resumir que "El llano en llamas" es la reacción del campesino mexicano en contra de las desavenencias que trajo consigo la Revolución Mexicana. En un aspecto simbólico, las llamas, en primera instancia, representan la violencia que en un principio envolvía al llano donde se escenificaría la lucha por la supervivencia y por el arrebato del poder. En este cuento, el símbolo del fuego representa un dualismo: las llamas no sólo consumen todo lo que está a su paso hasta consumirse entre sí, sino que también sirven como bálsamo de purificación para transformar aquel lugar en un sitio nuevo donde renacerá la vida. Así es la vida del mexicano: las circunstancias ajenas a él lo aplastan, lo atan de manos, pero siempre trata a toda costa de escaparse y de no dejarse vencer por las barreras que lo oprimen. Quizá por ello Rulfo trató de reflejar mediante el fuego el anhelo de los mexicanos de cremar su pasado y todo lo negativo que los rodea para purificar luego su tierra y, por qué no decirlo, su historia.

Como ya se había mencionado anteriormente, en la década de los cuarenta la figura de la mujer se torna fundamental: ahora la mujer es la base de la familia, es la que cuida, la que protege a sus seres queridos, es buena, pura, noble, incapaz de traicionar, es el apoyo más grande con el que se puede contar. En este cuento, aquella mujer que está esperando a "el Pichón" pasará de víctima a redentora, se convertirá probablemente en la salvadora de este exrevolucionario, ahora será ella quien guíe a este pecador por el camino del bien. Ella también se ha transformado, abandonó el papel de oprimida para convertirse en la figura que protegerá al hijo y al padre. Ahora el hijo tendrá a su padre y el padre una familia, así es ella, un prototipo de la típica mujer mexicana.

Otro símbolo clave que vale la pena analizar es el apodo del narrador, "Pichón", pues no lo describe físicamente pero sí se relaciona con su inmadurez. Las experiencias narradas de este personaje y su apodo se contraponen. Por una parte, su forma de contar los hechos que vivió en la lucha con Zamora es cruel y despiadada, sin el más absoluto remordimiento. Por la otra, en un aspecto positivo del personaje, "el Pichón" muestra al lector su calidad y sensibilidad como ser humano al final del cuento cuando la mujer que robó le da una lección:

> — ¡Pichón, te estoy esperando a ti! —me dijo—.
>
> [...] Yo entonces pensé que me esperaba para matarme [...]. Casi estaba seguro de que su padre era aquel viejo al que le dimos su aplaque cuando ya íbamos de salida; al que alguno de nosotros le descerrajó un tiro en la cabeza mientras yo me echaba a su hija sobre la silla del caballo y le daba

unos cuantos coscorrones para que se calmara y no me siguiera mordiendo [...].

— Tengo un hijo tuyo —me dijo después—. Allí está.

— [...] También a él le dicen *el Pichón* —volvió a decir la mujer, aquella que ahora es mi mujer—. Pero él no es ningún bandido ni ningún asesino. Él es gente buena.

Yo agaché la cabeza[37].

Inclinar la cabeza es una muestra de humildad, de reconocer cuando algo estuvo mal. Al final, el lector se percata de que "el Pichón" no es una mala persona, simplemente es un ser humano que se vio acorralado por la pobreza y la desventura que lo rodeaban. Su instinto de supervivencia lo orilló a seguir al cabecilla de un grupo revolucionario sin contar que en esa lucha se moverían intereses personales y traiciones, como en todo. Así pues, Zamora representa al típico jefe engreído que distorsionó el verdadero fin de una lucha social. Es por ello que Juan Rulfo relata, aunque no de manera explícita, la gran mentira que representó la Revolución Mexicana; sin embargo, sí muestra abiertamente las fatales consecuencias de los políticos corruptos y de una revolución tergiversada: pobreza, ignorancia y desilusión.

Desafortunadamente, estos hombres cuya ideología inicial fue luchar contra las injusticias y el abuso del poder terminaron asesinados, encarcelados o —si tenían suerte— premiados con un pedazo de tierra. Este también es un tema que Juan Rulfo decide tratar en uno de sus cuentos: "Nos han dado la tierra". La lucha incansable de Rulfo por denunciar las incongruencias de nuestro país lo llevó a criticar burlonamente al gobierno que estuvo al frente durante la Revolución Mexicana a través de este cuento que, como ya se mencionó anteriormente, denuncia la "generosidad" que el gobierno tenía —y sigue teniendo— con quienes más lo necesitan: los pobres. En suma, es la rabia contra la refor-

---

[37] Juan Rulfo, "El llano en llamas", en *El llano en llamas*, pp. 99-100.

ma agraria que se llevó a cabo en aquel entonces y una burla a los campesinos. A través de este cuento, Rulfo presenta la frustración de cuatro hombres —de veinte que eran aproximadamente en un principio— que habían hecho un largo recorrido para recibir una gran extensión de tierra para sembrar, pero no contaban con que el pedazo de tierra que les sería concedido era simplemente... llano:

> Vuelvo hacia todos lados y miro el Llano. Tanta y tamaña tierra para nada. Se le resbalan a uno los ojos al no encontrar cosa que los detenga. Sólo unas cuantas lagartijas salen a asomar la cabeza por encima de sus agujeros, y luego que sienten la tatema del sol corren a esconderse en la sombrita de una piedra. Pero nosotros, cuando tengamos que trabajar aquí, ¿qué haremos para enfriarnos del sol, eh? Porque a nosotros nos dieron esta costra de tepetate para que la sembráramos.
>
> Nos dijeron:
>
> — Del pueblo para acá es de ustedes.
>
> Nosotros preguntamos:
>
> — ¿El Llano?
>
> — Sí, el Llano. Todo el Llano Grande[38].

Se cree que este cuento está basado en una nota que apareció en el periódico *Excélsior* el 21 de septiembre de 1964, en la cual se declara que el gobierno había intentado repartir mil quinientas hectáreas de las zonas estériles de las haciendas ganaderas "La Laguna" y "Piedras Negras" a 227 campesinos ávidos de verse beneficiados. Sin embargo, de este número de campesinos, sólo se presentó uno a la repartición.

Siguiendo con las comparaciones, una situación que también nos es muy familiar y no sólo por haber leído o escuchado historias al respecto, sino porque incluso en la

[38] Juan Rulfo, "Nos han dado la tierra", en *El llano en llamas*, pp. 11-12.

actualidad siguen sucediendo, es lo que ocurre en "El día del derrumbe".

En este cuento se narra la trifulca que se arma durante una comida ofrecida al gobernador del pueblo donde se lleva a cabo la acción. Todo surge a raíz de un sismo donde muchas personas pierden la vida. El gobernador hace acto de presencia para que los habitantes del pueblo vean que su gobernador sí está al pendiente de lo que les pasa:

> "[...] llegó el gobernador; venía a ver qué ayuda podía prestar con su presencia. Todos ustedes saben que nomás con que se presente el gobernador, con tal de que la gente lo mire, todo se queda arreglado"[39].

Es bien sabido que los habitantes de los pueblos, aunque no tengan dinero, sacrifican a sus animalitos con tal de recibir bien a sus invitados. Dado que el gobernador les había hecho el "gran favor" de ir a visitarlos, la gente del pueblo lo menos que podía hacer era recibirlo como se merecía, con una gran comida. Para no perder la costumbre de los políticos, el gobernador cumple con su deber al pronunciar un discurso rimbombante para su honorable, pero iletrada, audiencia:

> Mi trazo es el mismo, conciudadanos. Fui parco en promesas como candidato, optando por prometer lo que únicamente podía cumplir y que al cristalizar, tradujérase en beneficio colectivo y no en subjuntivo, ni participio de una familia genérica de ciudadanos. Hoy estamos aquí presentes, en este caso paradojal de una naturaleza, no previsto dentro de mi programa de gobierno...[40].

En este cuento, Rulfo arremete contra los gobernantes que siempre han abusado del pueblo y de su ignorancia, y se burla de sus siempre tan elocuentes discursos pero faltos

---

[39] Juan Rulfo, "El día del derrumbe", en *El llano en llamas*, pág. 152.
[40] Ibid. pp. 156-157.

de mensaje. Aquella comida, cuya finalidad era recordar a las víctimas de la catástrofe natural que sufrió el lugar, terminó en borrachera y, como en toda borrachera, no podía faltar el pleito con balazos, golpes y botellazos. Pero como siempre sucede en nuestro país, no hay problema alguno, en México nunca pasa nada:

> " —[...] Después todos se sentaron, enderezaron otra vez las mesas y siguieron bebiendo ponche y cantando la canción esa de las "horas de luto"[41].

Y siguiendo con la crítica a los gobernantes de nuestro país que, se supone, están para salvaguardar nuestra seguridad y bienestar económicos, Juan Rulfo escribe unas cuantas páginas para describir la situación infrahumana en la que viven miles, más bien millones, de campesinos debido a la falta de interés por invertir dinero en las lejanas localidades que se encuentran en los distintos estados de la República Mexicana, y así mejorar la calidad de vida de sus habitantes. En "Luvina" Rulfo describe a una población olvidada, sin esperanza, donde no hay juventud, sólo gente vieja cuya única esperanza es la muerte:

> — Por cualquier lado que se le mire, Luvina es un lugar muy triste. Usted que va para allá se dará cuenta. Yo diría que es el lugar donde anida la tristeza. Donde no se conoce la sonrisa, como si a toda la gente le hubieran entablado la cara. [...] Nadie lleva la cuenta de las horas ni a nadie le preocupa cómo van amontonándose los años. Los días comienzan y se acaban. Luego viene la noche. Solamente el día y la noche hasta el día de la muerte, que para ellos es una esperanza[42].

Luvina es una denuncia contra la incompetencia de las autoridades para remediar las precarias situaciones de México en general pero, sobre todo, de los que menos tienen. Como ya es costumbre, los candidatos políticos son aman-

---

[41] Ibid. pág. 160.

[42] Juan Rulfo, "Luvina", en *El llano en llamas*, pág. 115.

tes de las promesas para que el pueblo los elija como sus gobernantes, pero una vez que llegan al poder el 99% de los funcionarios públicos presentan una enfermedad que se llama amnesia y se olvidan de que alguna vez prometieron mejorar la situación económica de su localidad si sus "apreciados" votantes los elegían para llegar al poder. Es por ello que Rulfo, cansado de la injusticia política, decide hacer explícita la denuncia social de toda esa gente que vive en la miseria y en el olvido a través de un profesor (la voz narradora de "Luvina"), quien con la esperanza de transmitir su conocimiento a los habitantes de la localidad de San Juan Luvina, emprende un viaje a este poblado con su familia pero, derrotado y abatido por su intento fallido de lograrlo, termina por abandonarlo y alejarse de ahí antes de terminar como todos los viejos que lo habitan:

> Un día traté de convencerlos de que se fueran a otro lugar, donde la tierra fuera buena. "¡Vámonos de aquí! —les dije—. No faltará modo de acomodarnos en alguna parte. El gobierno nos ayudará."
>
> Ellos me oyeron, sin parpadear, mirándome desde el fondo de sus ojos de los que sólo se asomaba una lucecita allá muy adentro.
>
> — ¿Dices que el gobierno nos ayudará, profesor? ¿Tú no conoces al gobierno?
>
> Les dije que sí.
>
> También nosotros lo conocemos. Da esa casualidad. De lo que no sabemos nada es de la madre del gobierno.
>
> Yo les dije que era la Patria. Ellos movieron la cabeza diciendo que no. Y se rieron. Fue la única vez que he visto reír a la gente de Luvina. Pelaron sus dientes molenques y me dijeron que no, que el gobierno no tenía madre.
>
> Y tienen razón, ¿sabe usted? El señor ese sólo se acuerda de ellos cuando alguno de sus muchachos ha hecho alguna fechoría acá abajo. Entonces manda por él hasta Luvina y se lo matan. De ahí en más no saben si existe[43].

---

[43] Ibid. pág. 122.

En aquel desolador lugar, Luvina, los jóvenes en cuanto crecen se van a otros lugares en busca de trabajo para poder vivir y mandar algo de dinero a sus viejos; los hombres también parten del lugar, dejan a sus padres, esposas e hijos y sólo regresan una vez al año para visitarlos, dejarles algo de dinero y para procrear un hijo más, claro, eso en el mejor de los casos, pues algunas veces ni eso hacen. Lamentablemente, esta cuestión no es fantasía; es una realidad que nuestro país enfrenta día con día; es un problema creciente el cual no se ha podido frenar. Como ya se mencionó anteriormente, la terrible problemática del desempleo y la falta de recursos y de oportunidades para millones de mexicanos los orilla a que dejen sus lugares de origen y emigren en busca de una mejor calidad de vida. Rulfo no sólo trata el tema de la migración en el cuento de "Luvina", también lo hace en "Paso del Norte".

En este cuento, Juan Rulfo refleja la triste historia de un criador de puercos que decide abandonar su lugar de origen, pues su negocio ya no es remunerable y no le alcanza ni para darle de comer a su esposa e hijos. Este joven muchacho, quien es el protagonista de "Paso del Norte", pide a su padre que se haga cargo de su esposa y de sus hijos, pero él no acepta pues cree que cada quien tiene que sufrirle por su cuenta sin importar que se trate de ayudar a su propio hijo. El muchacho contacta a un "pollero" para que lo pase del otro lado del río para empezar a trabajar en Estados Unidos, juntar dinero y luego regresarse al lado de su familia para poner un negocio y vivir decentemente. Sin embargo, su plan se ve frustrado cuando la guardia fronteriza comienza a disparar a todos los ilegales que estaban cruzando el río.

> [...] Íbamos regustosos, chifle y chifle del gusto de que ya íbamos pal otro lado cuando merito en medio del agua se soltó la balacera. Y ni quien se las quitara. Éste y yo fuimos los únicos que logramos salir y a medias, porque mire, él ya hasta aflojó el cuerpo.

> [...] Sólo nos aluzaron con sus linternas, y pácatelas y pácatelas, oímos los roflonazos, hasta que yo sentí que se me volteaba el codo y oí a éste que me decía: "Sácame del agua, paisano."

Así pues, el muchacho se regresa a su pueblo; cuando le pregunta a su padre por su mujer resulta que ella ya lo abandonó por un arriero, pero no sin antes dejarle a sus hijos para que él se haga cargo de ellos. El estilo de Rulfo deja sentir con claridad el sufrimiento, la desesperación y, hasta cierto punto, el conformismo del pobre, de la gente que está en la misma situación pero que no sabe cómo salir adelante, cómo mejorar su estilo de vida. Desafortunadamente, han sido tantos años ya que la gente ha vivido en esta situación tan precaria que cada vez que ve encendida una luz de esperanza trata de luchar pero el resultado siempre es el mismo: todo esfuerzo es en vano. Este problema de la migración parece ser incontrolable e incluso a últimas fechas seguimos viendo las consecuencias de los famosos "braceros" que se fueron a Estados Unidos a trabajar en época de guerra para apoyar a nuestro generoso vecino del norte. No hay día que deje de aparecer en las noticias la nota de un ilegal o de un grupo de ilegales que murió al intentar cruzar la frontera, ya sea porque la guardia fronteriza arremetió contra ellos o porque murieron por deshidratación o de hambre o ahogados.

En un enfrentamiento directo y quizá con la intención de redimir al humillado, al aplastado, al condenado a vivir en la miseria, no sólo económica sino moral, Rulfo nos presenta uno más de sus cuentos en el que se muestra, por un lado, al opresor y, por el otro, al oprimido, que al final de la historia terminarán por intercambiar papeles. En "La herencia de Matilde Arcángel" se narra la historia de Matilde Arcángel, de su esposo y su hijo, los dos llamados Euremio Cedillo. El narrador, Tranquilino Herrera, nos cuenta que conoció a Matilde Arcángel oriunda de una población conocida como Chupaderos. Tranquilino Herrera era arriero y en sus andares por otras poblaciones conoce a Matilde. Más tarde se compromete con Matilde; Tranquilino va con su prometida al rancho de Eufemio Cedillo apodado Las Ánimas un tanto para pedirle que los apadrinara y otro tanto para presumirle a la muchacha. Matilde se deslumbra con Eufemio y termina casándose con éste. Después tienen un hijo, a quien también le ponen Eufemio Cedillo y cuyo padrino de bautizo sería Tranquilino Herrera. Cuando regresaban del bautizo, Matilde se cae del caballo y muere pero logra salvar a su hijo. Eufemio nunca lo quiso, así que después de la muerte de la madre lo abandona y se despreocupa de él; incluso comienza a vender partes de su rancho a cambio de "bingarrote" —un tipo de alcohol— para que cuando Eufemio hijo crezca ya no tenga ni un metro de tierra para trabajarla. Un día Eufemio, cansado del abandono y de las humillaciones de su padre, decide unirse a un grupo de "revoltosos". Rulfo logra un sorprendente final al presentar a un muchacho triunfador y a un padre abatido y... muerto:

> [...] a poco rato, vi venir a mi ahijado Euremio montado en el caballo de mi compadre Euremio Cedillo. Venía en ancas, con la mano izquierda dándole duro a su flauta, mientras que con la derecha sostenía, atravesado sobre la silla, el cuerpo de su padre muerto[44].

Algunos críticos que han analizado la obra de Juan Rulfo opinan que el padre representa al gobierno y el hijo al pueblo, y que el escritor mexicano —en un intento por redimir al oprimido— se pronuncia a favor de los que menos tienen y en contra de los que abusan del poder. Pareciera que Eufemio hijo representa a todo aquel mexicano que fue

---

[44] Juan Rulfo, "La herencia de Matilde Arcángel", en *El llano en llamas*, pág. 170.

despojado de sus tierras, mientras que el padre —al igual que el gobierno— se enfoca en arruinar la vida de su propio hijo, en lugar de apoyarlo y de ver por su bienestar. De igual forma pasa en México, ¿dónde están los gobernantes que llegan al poder con la promesa de velar por nuestros intereses y de mejorar nuestra situación económica de tal forma que todos tengamos aunque sea un poco de todo? ¿Qué hacen con todos los recursos que llegan a sus manos que supuestamente están destinados para invertir en el campo, la agricultura y la ganadería, entre otros sectores? ¿No se supone que México es de todos y no de unos cuantos? ¿No se supone que los funcionarios son personas capacitadas para crear nuevas estrategias de desarrollo económico y social a nivel nacional? Todas éstas son interrogantes que muy probablemente Juan Rulfo se planteó; sin embargo, dudamos que haya encontrado respuestas a todas ellas, por lo que quizá tuvo que conformarse con tan sólo manifestar sus desacuerdos a través de sus cuentos. Y este cuento cobra particular importancia pues, si partimos de la base de que el hijo deja de fungir como oprimido para convertirse en triunfador y de que el hijo representa al pueblo, entonces quizá valga la pena seguir luchando para que en México se acabe con las injusticias y no darnos por vencidos, no permitir de ninguna manera que se derrumbe el pueblo mexicano y esperar sentados a que llegue nuestro fin como lo hacen los habitantes de San Juan Luvina.

Otro de los cuentos importantes de Rulfo con el que hace alarde de su dominio estilístico es "No oyes ladrar los perros". La trama de este cuento nos presenta a un padre que se encuentra en el camino a su hijo herido, Ignacio, quien se dedicaba a asaltar; el padre, como una promesa hecha a la madre del joven, ayuda a su hijo a llevarlo en hombros al pueblo más cercano para que allí lo atiendan, Tonaya. En todo el camino, Ignacio no oye ladrar a los perros, señal que anunciaría la llegada al pueblo; una vez en Tonaya, el padre sí los escucha pero el final nos hace pensar que es demasiado tarde pues Ignacio ya está muerto: "Destrabó difícilmente los dedos con que su hijo había venido sosteniéndose de su cuello y, al quedar libre, oyó cómo por todas partes ladraban los perros: —¿Y tú no los oías, Ignacio? —dijo—. No me ayudaste ni siquiera con esta esperanza"[45].

El autor no da detalles innecesarios, sólo pone en conocimiento del lector las pautas para que éste saque sus propias conclusiones. Rulfo manifiesta el desacuerdo del padre con la vida fácil que llevaba el hijo. Incluso, el cuento presenta matices diferentes en cuanto a la actitud del padre: primero, nos muestran a un padre preocupado por su hijo al pronunciar frases como "Pobre de ti, Ignacio", "¿Cómo te sientes?", "¿Te duele mucho?" Pero de pronto el tono del padre da un giro, y aparece un hombre enérgico que reprende a su hijo herido:

> — Todo esto que hago, no lo hago por usted. Lo hago por su difunta madre. Porque usted fue su hijo. Por eso lo hago. Ella me reconvendría si yo lo hubiera dejado tirado allí, donde lo encontré, y no lo hubiera recogido para llevarlo a que lo curen, como estoy haciéndolo. Es ella la que me da ánimos, no usted. Comenzando porque a usted no le debo más que puras dificultades, puras mortificaciones, puras vergüenzas.

Las palabras utilizadas en el diálogo y la forma como se narran hacen que el lector sienta en carne propia la carga pesada que el padre lleva encima, así como la repulsión y la ira por la conducta de su hijo. Paralelamente, el lector experimenta el cansancio del padre, el dolor del hijo, el enojo del padre, el arrepentimiento del hijo, la sensación de descanso del padre al saberse en Tonaya, la conmovedora muerte del hijo. Aquí el autor juega muy bien con los recursos literarios, pues nunca especifica que Ignacio muere, por lo

[45] Juan Rulfo, "No oyes ladrar los perros", en *El llano en llamas*, pág. 150.

que bien podría ser factible que sólo haya sufrido un desmayo; esto es parte de la magia de Rulfo: siempre deja abiertos sus finales a imaginación del lector, es un recurso que lo caracteriza y distingue de otros autores.

Otro tema relacionado con las costumbres de muchos mexicanos es la religión: en México se vive un fanatismo por la adoración a las imágenes religiosas y a diferentes Santos que, aseguran, han hecho muchos milagros. Es muy común, por ejemplo, que los mexicanos enfoquen toda su fe en la Virgen de Guadalupe, la Virgen María, San José y San Juditas Tadeo, entre muchos Santos más. Así pues, Rulfo decide escribir un cuento que exprese la forma en la cual los fieles católicos de nuestro país viven su religión: "Talpa". En una entrevista con el escritor mexicano, él mismo nos cuenta su opinión al respecto:

> No sólo se trata de atacar el fanatismo y la ignorancia de las gentes. [...] El fanatismo es terrible y naturalmente que es falta de cultura, de educación; es ignorancia. Quise tratar ese tema pero no diciendo directamente las cosas, ¿verdad?, no en un plano didáctico, sino presentando una historia, haciendo una historia con esta gente que va a Talpa a buscar el milagro. Es un cuento que me gusta, me gusta por eso. También me gusta porque tiene ciertas cosas que me evocan algunos detalles de la infancia.

En "Talpa" se presenta la historia de Tanilo Santos, quien tras haber contraído una enfermedad venérea y después de algunos años de sufrimiento, pide que lo lleven a Talpa para que la Virgen de aquel lugar lo cure. El narrador, que es el hermano de Tanilo, nos cuenta cómo fue que llegaron a Talpa, todo el recorrido que tuvieron que hacer con tal de que Tanilo llegara a Talpa para que lo curaran; sin embargo, además de delatar el fanatismo de Tanilo en una búsqueda desesperada de curación, el narrador nos revela la verdadera intención de él y de la esposa de Tanilo, Natalia, de querer llevar a Talpa a su hermano:

> Yo ya sabía desde antes lo que había dentro de Natalia. Conocía algo de ella. Sabía, por ejemplo, que sus piernas redondas, duras y calientes como piedras al sol del mediodía, estaban solas desde hacía tiempo. Ya conocía yo eso. Habíamos estado juntos muchas veces; pero siempre la sombra de Tanilo nos separaba: sentíamos que sus manos ampolladas se metían entre nosotros y se llevaban a Natalia para que lo siguiera cuidando. Y así sería siempre mientras él estuviera vivo[46].

En "Talpa" no sólo se trata el tema del fanatismo religioso, sino también la infidelidad y la irracionalidad de la gente que los orilla a cometer acciones perturbadoras con tal de satisfacer sus más bajos instintos. A través de este relato, una vez más Rulfo muestra a personajes que cambian de posición: primero, Tanilo es presentado como un hombre que es responsable de haber adquirido esa enfermedad que lo está matando (victimario, macho, despreocupado por su mujer) y, después, se arrepiente y pide a gritos que lo lleven a que lo curen, sin saber que la ayuda que recibirá lo llevará a una muerte larga y dolorosa (víctima, no sólo de la enfermedad y de la vida misma, sino de su hermano y su esposa). Una vez más, al lector no le proporcionan detalles, sino únicamente los datos que lo ayudarán a sacar sus propias conclusiones: Natalia y su cuñado —sin causa explícita más que el comentario del hermano de Tanilo de que tenía muy abandonada a su esposa— comienzan una relación a escondidas y que para poder continuar con ella es necesario quitarse de encima al esposo de Natalia (lo que los convierte de víctimas a victimarios). La decisión de Natalia y su amante sólo los lleva al remordimiento, a vivir siempre con la culpa de haber matado a Tanilo Santos, y a pesar de que ahora ya no habrá nadie que interfiera en su amor, siempre permanecerá vivo su recuerdo, en la conciencia de ambos:

---

[46] Juan Rulfo, "Talpa", en *El llano en llamas*, pág. 58.

> Yo sé ahora que Natalia está arrepentida de lo que pasó. Y yo también lo estoy; pero eso no nos salvará del remordimiento ni nos dará ninguna paz ya nunca. No podrá tranquilizarnos saber que Tanilo se hubiera muerto de todos modos porque ya le tocaba [...].
>
> Lo que queríamos era que se muriera. No está por demás decir que eso era lo que queríamos [...][47].

Además de la crítica a la malinterpretada religiosidad, Juan Rulfo se burla de las campañas que el gobierno puso en práctica en la década de los cuarenta en contra de un México inmoral, cuando se intentó acabar con los hoteles de paso. No obstante, el cáncer no estaba en los hoteles donde las parejas acudían en busca de satisfacción sexual, sino en la pareja misma. Es evidente que no era necesario un cuarto de hotel para ser infiel, ni para ejercer la prostitución. Hay un trasfondo que orilla a la gente a tener conductas inmorales, y la interrogante sería: ¿qué es lo que arrastra al ser humano al inframundo: la inmoralidad que lleva consigo o la fatalidad e inestabilidad de todo un país? Ésta es una cuestión que hay que responder según las convicciones de cada quien, pero lo majestuoso de las obras de Rulfo es que crea personajes que no sólo dan vida a la historia de tantas y tantas personas que se encuentran en la misma situación, sino que también representan paralelamente al país, a sus gobernantes y a su pueblo.

Quizá un ejemplo del paralelismo con el que juega Rulfo en sus obras se ve reflejado en "Es que somos muy pobres". Al igual que en todos los cuentos del escritor, la trama es muy sencilla: un muchachito nos narra el temor que siente su padre al pensar que su hija menor, Tacha, se prostituya al igual que sus otras dos hermanas por el hecho de ser muy pobres. El río de la región donde viven está crecido y está arrasando con todo lo que se encuentra a su paso. Cuan-

[47] Ibid. pp. 58-59.

do Tacha cumplió doce años, su padre le regaló una vaca, Serpentina, pero hasta la vaca había desaparecido entre las aguas del río; el padre de Tacha estaba muy preocupado porque, sin la vaca, su hija ya no poseía nada, y así ya nadie se querría casar con ella, por lo que se vería obligada a seguir el camino de sus hermanas.

Al final de este cuento, el río representa una imagen muy importante pues deja saber al lector que la pobre Tacha no tiene opción de elegir su futuro:

> Y Tacha llora al sentir que su vaca no volverá porque se la ha matado el río. [...] Por su cara corren chorretes de agua sucia como si el río se hubiera metido dentro de ella. [...] De su boca sale un ruido semejante al que se arrastra por las orillas del río, que la hace temblar y sacudirse todita, y, mientras, la creciente sigue subiendo. El sabor a podrido que viene de allá salpica la cara mojada de Tacha y los dos pechitos de ella se mueven de arriba abajo, sin parar, como si de repente comenzaran a hincharse para empezar a trabajar por su perdición[48].

Desde el título, el lector encuentra una justificación, pero ¿de quién, ante quién, por qué, para qué? Generalmente, el ser humano busca justificar sus acciones cuando sabe que su comportamiento no fue el adecuado y trata, así, de aminorar su culpa y los reproches de los que pudiera ser objeto. La justificación de las hermanas de Tacha y de ella misma podría ser la falta de oportunidades y de desarrollo económico. De igual manera, si analizamos este cuento de una forma más profunda y de acuerdo con lo que México estaba enfrentando en la época que vivió el autor, entonces podríamos deducir que "es que somos muy pobres" fue la justificación de los funcionarios mexicanos que en aquel

---

[48] Juan Rulfo, "Es que somos muy pobres", en *El llano en llamas*, pp. 34-35.

tiempo estaban al frente del poder y por eso decidieron vender su país, sin importar el daño que le ocasionarían a su pueblo. El río podría representar a Estados Unidos, país que arrasaría con todo lo que veía a su paso y al cual, hasta la fecha, no se le ha puesto un alto. Por su parte, el padre de Tacha refleja a los mexicanos —padres, esposas e hijos— abandonados por los braceros que emigraron en busca de una forma de ganar más dinero, los cuales bien podrían estar personificados con Tacha y sus hermanas, quienes tuvieron que dedicarse a la prostitución con tal de obtener un poco más de dinero y no pasar hambres en su pueblo.

Una vez más, haciendo referencia al estilo de Rulfo y a esa facilidad para captar la atención del lector y, sobre todo, poner ante sus ojos una obra que lo mantenga en suspenso de principio a fin y despierte su curiosidad por saber cómo se va a desarrollar la historia y, principalmente, cuál será su desenlace, el escritor mexicano presenta uno de sus cuentos más característicos e impresionantes: "¡Diles que no me maten!"

En este cuento se presentan una serie de diálogos y acciones entrelazadas por parte de los personajes; no es una narración lineal; es decir, no se presenta primero el pasado, después el presente y al final el futuro. Más bien, el cuento comienza con la plegaria de un hombre pidiéndole a Justino, su hijo, que vaya con un coronel y que le pida que no lo maten. Conforme avanza la historia, se relata cómo Juvencio Nava —el hombre amenazado de muerte— tuvo que matar a Don Lupe Terreros porque éste, ni aun siendo compadre de Juvencio, dejaba pastar a sus animalitos. A partir de la muerte de Don Lupe, Juvencio tuvo que esconderse todo el tiempo para que no lo siguieran extorsionando por haber dado muerte a un hombre. Pasados los años, encuentran a Juvencio y lo llevan ante un coronel, uno de los hijos de Don Lupe, quien lo mandará a fusilar como venganza por haber matado a su padre a machetazos. La parte más sorprendente, a nuestro juicio y sin lugar a dudas, es al final cuando el hijo de Juvencio, Justino, regresa de ver al coronel a quien había ido a pedirle que no mataran a Juvencio —sin decir que era hijo de éste para que no lo fueran a matar a él también—; se narra cómo Justino se apresura a subir a su padre al burro para llevárselo a Palo de Venado, la tierra que lo vio nacer, pero sólo para que lo vea morir:

> —Tu nuera y los nietos te extrañarán —iba diciéndole—. Te mirarán a la cara y creerán que no eres tú. Se les afigurará que te ha comido el coyote, cuando te vean con esa cara tan llena de boquetes por tanto tiro de gracia como te dieron"[49].

No es de extrañar que Rulfo presente en sus cuentos la falta de solidaridad entre mexicanos, paisanos, incluso compadres, como es el caso entre Don Lupe Terreros y Juvencio Nava. Don Lupe tenía a su alcance la posibilidad de ayudar a su propio compadre, pero el egoísmo lo cegó y se lo impidió. Juvencio trató de controlarse, pero la desesperación lo llevó a irrumpir en la tierra de Don Lupe, hasta que éste mató a uno de sus novillos y como venganza Juvencio mató a su compadre. Una vez más se muestra el intercambio de papeles: Don Lupe es victimario y después se convierte en víctima; Juvencio primero es víctima; cambia su papel por victimario y termina por ser víctima nuevamente; el coronel en un inicio es víctima y termina por ser victimario. No importa quién sea primero víctima y después se convierta en victimario, el hecho es que los tres personajes atraviesan por las dos posiciones. Quizá la justificación o el motivo sea la precariedad social en la que viven millones de campesinos y la cual los lleva a perder el control racional de sus actos. De igual manera, los que tienen un poco más se dejan llevar por el egoísmo y avaricia, lo cual también los hace perder el control.

---

[49] Juan Rulfo, "¡Diles que no me maten!", en *El llano en llamas*, pp. 111.

Contrariamente a lo que sucede en "Luvina", por ejemplo, donde la gente pone su fe en la muerte como única esperanza de vida, Juvencio pide a gritos que lo dejen vivir:

> ¡Diles que no me maten, Justino! Anda, vete a decirles eso. Que por caridad. Así díles. Díles que lo hagan por caridad.
>
> [...] No tenía ganas de nada. Sólo de vivir. Ahora que sabía bien a bien que lo iban a matar, le habían entrado unas ganas tan grandes de vivir como sólo las puede sentir un recién resucitado[50].

Aunque viejo, Juvencio quiere seguir viviendo, quiere seguir arraigado a su tierra y morir ahí, pero sin que lo maten, sin que acaben con su vida como él acabó con la de su compadre.

Continuando con el tema de la muerte, Rulfo escribe un cuento muy corto donde el lector experimenta el sentimiento de la persecución. Retrata al perseguido por soldados en los tiempos de la guerra Cristera, época en la que lamentablemente el escritor perdió a su padre y de la cual tiene recuerdos espantosos por lo inútil que resultó y por las sangrientas consecuencias que trajo consigo. En una crítica a tan absurdo movimiento, Rulfo narra en "La noche que lo dejaron solo" la persecución de tres cristeros —dos hombres y un muchachito— a quienes se les persigue por luchar en contra del gobierno. Tras haber recorrido un largo camino, el muchacho, Feliciano Ruelas, sugiere a sus tíos Tanis y Librado que descansen un poco y que al día siguiente continuarán su recorrido pero ya más descansados por si hay que correr. Sus tíos lo ignoran y siguen su camino, Feliciano no puede más y se queda dormido. Cuando despierta, se da cuenta de que lo han dejado atrás y decide alcanzarlos; de pronto ve dos cuerpos colgados y escucha a unos soldados decir que aguardarán unos días para esperar al tercero —a quien culpan de haber tendido una em-

---

[50] Ibid. pp. 101-102.

boscada al teniente de estos soldados y haber acabado con su gente— y si no llega, entonces tendrán que matar al primero que pase para cumplir la orden de su mayor de acabar con tres hombres.

Como en todos los cuentos de Rulfo, el final queda abierto para que el lector especule, imagine cuál será el desenlace de los personajes. En este cuento, pareciera que Feliciano es un animalito y que los soldados están a su caza:

> Cuando [Feliciano Ruelas] llegó al reliz del arroyo, enderezó la cabeza y se echó a correr, abriéndose paso entre los pajonales. No miró para atrás ni paró en su carrera hasta que sintió que el arroyo se disolvía en la llanura.
>
> Entonces se detuvo. Respiró fuerte y temblorosamente[51].

Tras haber conjuntado las sinopsis y los análisis de algunos de los cuentos más importantes de Juan Rulfo, concluimos que sin duda alguna este hombre preocupado por los conflictos que enfrentan los marginados, los pobres, los ignorantes, permite que hable el campesino y no el escritor; éste sólo plasma en papel la vida del mexicano olvidado pero los que desarrollan sus propias historias y narran las pésimas condiciones que les tocó vivir son ellos. Rulfo se enfoca en la literatura como un medio de crítica ante las injusticias sociales; sin embargo, no se manifiesta explícitamente en contra de algún acto, permite que sus personajes lo hagan, para Rulfo es una forma de brindarles la oportunidad de expresarse ante un lector que muy probablemente sí los escuchará, ya que su propio gobierno no lo hizo. Así pues, la obra de Juan Rulfo describe las precarias situaciones en las que tienen que sobrevivir los mexicanos que carecen de recursos —sobre todo en un ambiente rural—, e incita al lector a que tome conciencia del terrible rumbo que está

---

[51] Juan Rulfo, "La noche que lo dejaron solo", en *El llano en llamas*, pág. 130.

tomando México a consecuencia de la voracidad de los gobernantes mexicanos.

Asimismo, presenta el grado de irracionalidad en la mente de la gente al ver frustrados todos sus sueños e ilusiones. Los personajes rulfianos se sienten acorralados por la situación económica que los asfixia y ahoga a tal punto que pierden la razón y se ven obligados a matar, a satisfacer su sed de venganza, a humillar, a dejarse vencer. Si bien es cierto que la obra de Rulfo pareciera estar basada en el fatalismo, también es cierto que no podría ser de otro modo, pues su obra refleja claramente las consecuencias fatídicas de la Revolución Mexicana y del desorden público que se ha generado por la falta de una buena administración. Juan Rulfo es un escritor inspirado en los acontecimientos que giraron a su alrededor. En efecto, su obra carece de ilusiones pero también lleva al lector a despertar de esa burbuja en la que había estado viviendo, donde al parecer todo seguía su curso normal, esto con el fin de que recapacite y se dé cuenta de que las consecuencias de los actos realizados por unos aún siguen "dando frutos" en el México actual.

El objetivo de Rulfo es profundizar en los problemas sociales de México y abogar por los que realmente sufren, y viven el desencanto de un país erosionado por intereses políticos que emergen en el porfirismo y que han echado raíces a tal punto que en la actualidad siguen creciendo y rompiendo los cimientos de nuestro andar.

Otro aspecto que no hay que dejar pasar de largo es el lenguaje que Rulfo emplea; en sus cuentos se desbordan las expresiones populares del hombre rural: "Lo que yo no quería era hablar como un libro escrito, sino escribir como se habla", el autor confiesa en una entrevista. "¡Epa, tú, Potasio, métele espuelas a ese caballo!" ("El llano en llamas"), "¿Y pa onde te vas, si se puede saber? [...] Se te fue la Tránsito con un arriero. Dizque era rebuena, ¿verdá?" ("Paso del Norte") y "Ahi se lo haiga si me los mata" ("¡Diles que no me maten!"), " —Oye, Teban, ¿de dónde pepenaste esa gallina?" ("Nos han dado la tierra"), son tan sólo unas cuantas de las muchas expresiones que se ven en los cuentos de Rulfo, pero también en la vida real. Así hablan los campesinos, así se expresan, así son ellos, y el escritor mexicano logra reflejar muy bien su habla, sus costumbres, sus tristezas, su vida. El lenguaje popular sólo es un recurso más que Rulfo emplea para recrear el realismo vivido en México en la época de la Revolución, sobre todo en aquellas regiones marginadas.

Otra imagen importante y siempre presente en las obras de este autor mexicano es la relación que se da entre padre e hijo, que puede traducirse en: padre=Estado, e hijo/familia=pueblo. Las historias de Rulfo giran en torno al padre, sea un hombre bueno o malo, preocupado por su familia o no, amado u odiado, la figura paterna siempre está presente en la obra del autor. De esta forma, hay una añoranza del hijo (el pueblo) por el padre ausente, desquebrajado, olvidado, muerto (el Estado); sin embargo, el hijo también puede llegar a sentir odio o indiferencia por su propio padre, su propio Estado, que lo ha abandonado a su suerte con tal de crecer, de ser fuerte, de sobrevivir él aunque para ello haya tenido que desquebrajar la vida de su propio hijo, su propio pueblo. En "Paso del Norte", por ejemplo, el padre es incapaz de tenderle la mano a su hijo; lo deja que madure y que se gane la vida a su suerte; el padre es egoísta y prefiere que su hijo se muera de hambre antes que enseñarle un oficio que le dé a ganar dinero:

> — No hallo qué decir, padre, hasta lo desconozco. ¿Qué me gané con que usté me criara?, puros trabajos. Nomás me trajo al mundo al averíguatelas como puedas. Ni siquiera me enseñó el oficio de cuetero, como pa que no le fuera a hacer a usté la competencia. [...] Mire usté, éste es el resultado: nos estamos muriendo de hambre. La nuera y los nietos y éste su hijo, como quien dice toda su descendencia, estamos ya por

parar las patas y caernos bien muertos. Y el coraje que da es que es de hambre. ¿Usté cree que eso es legal y justo?[52]

En "Paso del Norte" se muestra a un hijo que reclama a su padre su abandono y falta de interés; en contraste, en "¡Diles que no me maten!" se muestra a un hijo que creció sin su padre, sin una figura que lo protegiera:

—Guadalupe Terreros era mi padre. Cuando crecí y lo busqué me dijeron que estaba muerto. Es algo difícil crecer sabiendo que la cosa de donde podemos agarrarnos para enraizar está muerta[53].

En "El llano en llamas", por ejemplo, al final la mujer que embarazó "el Pichón" lo espera al salir éste de la cárcel y le presenta a su hijo quien, aunque también lo apodan "el Pichón", no se compara con su padre:

También a él le dicen *el Pichón* —volvió a decir la mujer, aquella que ahora es mi mujer—. Pero él no es ningún bandido ni ningún asesino. Él es gente buena[54].

La situación opuesta se da en "No oyes ladrar los perros": en este cuento el hijo es el bandido. El padre lleva cargando al hijo herido en sus hombros y en cierto momento del diálogo se preocupa, aparentemente, por su estado de salud, y más tarde comienza a reclamarle por meterlo en líos y reniega de que sea su hijo y lleve su sangre:

— Me derrengaré, pero llegaré con usted a Tonaya, para que le alivien esas heridas que le han hecho. Y estoy seguro de que, en cuanto se sienta usted bien, volverá a sus malos pasos. Eso ya no me importa. Con tal de que se vaya lejos, donde yo no vuelva a saber de usted. Con tal de eso... Porque

[52] Juan Rulfo, "Paso del Norte", en *El llano en llamas*, pág. 132.

[53] Juan Rulfo, "¡Diles que no me maten!", en *El llano en llamas*, pág. 110.

[54] Juan Rulfo, "El llano en llamas", en *El llano en llamas*, pág. 100.

> para mí usted ya no es mi hijo. He maldecido la sangre que usted tiene de mí[55].

Otro tema siempre presente en la obra de Rulfo es la muerte y la violencia: la muerte de Zamora y los soldados que éste mata como si fueran animales en "El llano en llamas"; la muerte no física, sino moral de los campesinos que en aras de recibir un pedazo de tierra para trabajarla viajan desde lejos, y todo para recibir una gran pedazo de tierra pero seca en "Nos han dado la tierra"; todas las víctimas que mueren en el temblor en "El día del derrumbe"; la gente de San Juan Luvina que se está muriendo por la falta de recursos en "Luvina"; los braceros que mueren cruzando el río debido a una balacera que se suscita en la frontera en "Paso del Norte"; el homicidio de Eufemio Cedillo provocado por su propio hijo, también llamado Eufemio Cedillo, así como la muerte violenta de Matilde Arcángel, su madre, en "La herencia de Matilde Arcángel"; la muerte de Ignacio a consecuencia de las heridas que le hicieron por andar en malos pasos en "No oyes ladrar los perros"; el deceso de Tanilo Santos a consecuencia de una enfermedad venérea, pero también provocado por su esposa y su hermano con tal de amarse libremente en "Talpa"; la muerte de *Serpentina*, la vaca de Tacha, y la muerte espiritual de Tacha, debido a la degradación de su persona en "Es que somos muy pobres"; el asesinato a machetazos de Don Guadalupe Terreros y el fusilamiento de Juventino Nava por una venganza en "¡Diles que no me maten!", y el colgamiento de los tíos Tanis y Librado por pertenecer a los cristeros en "La noche que lo dejaron solo".

Así podríamos seguir analizando toda la obra de Rulfo y deducir que la muerte y la violencia son parte inherente de este México que nos martiriza y no México *per se*, sino

[55] Juan Rulfo, "No oyes ladrar los perros", en *El llano en llamas*, pág. 148.

sus gobernantes y todos aquellos inmiscuidos en problemas políticos que han demostrado su interés por su propio bienestar sin importarles que se "lleven entre las patas" a los demás. Así es el gobierno mexicano y sus fieles porfiristas, pero también podemos opinar sobre el aguerrido pueblo mexicano: sabe agarrarse de la tierra para defenderse. Por eso luchaba Rulfo y defendía al campesino, para que sus lectores abran los ojos y no caigan en la ignorancia y no permitan que la corriente los arrastre.

Así pues, considérese la lectura de *El llano en llamas* como un conjunto de cuentos con doble directriz: la realidad de la que surgen esas historias y hacia dónde va enfocada esa realidad. Si este libro logra sensibilizar al lector y lo lleva a recapacitar sobre la condición desoladora y desdichada que se vive en nuestro país, entonces también hay que trasladar esa condición hacia los hombres que la viven: los campesinos y los hombres de pueblo que han vivido en condiciones deplorables y en zonas marginadas durante años. Sin embargo, ahí sigue, vivo todavía, con la esperanza latente de que México también siga vivo.

Pedro Páramo: la pequeña gran novela

¿Cómo surge la literatura? ¿De dónde aparecen los temas? ¿Siempre existen —como los mitos recurrentes— o salen de la nada? ¿Cómo se enteran los escritores de tramas y anécdotas? Son incógnitas interesantes, aunque no tienen una respuesta definitiva y única. Rulfo confiesa al respecto de los orígenes de su obra maestra:

> Se me ocurrió todo eso porque entonces leía demasiado y con frecuencia no tenía el estado de ánimo para disfrutar plenamente mis lecturas, incluso tratándose de escritores que me gustan mucho. Yo quería leer algo diferente, algo que no estaba escrito y no lo encontraba. Desde luego no es porque no exista una inmensa literatura, sino porque para mí, sólo existía esa obra inexistente y pensé que tal vez la única forma de leerla era que yo mismo la escribiera.

En septiembre de 1953, después de haber publicado *El llano en llamas*, Rulfo ingresa como becario al Centro Mexicano de Escritores[56]. Para ese entonces, la novela, cuyo tema

---

[56] Creado por iniciativa de la escritora estadounidense Margaret Shedd, el Centro apoyaba con becas de la Fundación Rockefeller a los escritores mexicanos. Entre sus becarios figuran escritores tan diferentes como Juan José Arreola, Ricardo Garibay, Alí Chumacero y Rosario Castellanos. Cada mes los becarios recibían una suma de mil pesos (los solteros) o de dos mil (los casados). Juan Rulfo pertenecía a la segunda y tercera generación de becarios (1953-1952 y 1953-1954, respectivamente). Debido a que la beca sólo constituía un apoyo y no un sueldo, Rulfo prefirió conservar su sueldo en *Goodrich*.

principal sería el fenómeno de cacicazgo, maduraba en él desde hace varios años[57]. Según el escritor, quería —conservando los hallazgos en cuanto al lenguaje de la generación anterior de escritores mexicanos— intentar nuevas formas de estilo, por ejemplo, introduciendo la ausencia de un orden temporal lineal, artificio que ya estaban poniendo en práctica ciertos novelistas estadounidenses. Tenía ya a los personajes y sabía que los iba a ubicar en un pueblo desierto:

> [...] debido a la escasez de trabajo, se iban de braceros a los Estados Unidos y dejaban todo. Esto hacía que casi toda la región quedase deshabitada: primero se iban los hombres, después enviaban por la familia, luego cerraban la casa y ya no volvían más. Me encontré con una serie de pueblos fantasmas, donde no sólo había habitantes, sino que nada vivía, y en mi obra ese abandono lo achaqué a un cacique, el cacicazgo, que aún persiste en México y que también ha obligado a la gente a abandonar sus lugares de origen. Esto fue lo que me dio la clave.

En otra ocasión, Rulfo mencionaba que el acontecimiento que le dio la clave fue el regreso a su pueblo natal[58], "deshabitado, muerto, pues de siete u ocho miles de habitantes sólo quedaban unos ciento cincuenta". Así nació la imagen de Comala —que viene del comal, con las connotaciones

---

[57] En 1950 aparece en la revista *América* la siguiente nota: "Juan Rulfo, cuya calidad empiezan a reconocer ya tirios y troyanos, no está conforme con ser sólo considerado el que mejor, de los cuentistas jóvenes, ha penetrado el corazón del campesino en México. Ahora aspira a realizar una novela grande, con una compleja trama psicológica y un verdadero alarde de dominio de la forma, a la usanza de los maestros norteamericanos contemporáneos".

[58] Algunos amigos de Rulfo afirmaban que la imagen de Comala, según Rulfo, se formó a partir de la localidad de Tuxcacuesco, ubicada cerca de San Miguel, cosa que el novelista desmentiría más tarde.

correspondientes—, lugar sobre las brasas. ¿Por qué se va la gente de Comala? ¿Por qué abandona su casa, sus tierras? Según Rulfo, no son tanto las circunstancias externas que los expulsa de ahí, sino la sensación de culpa, la culpa que es un tema constante en la obra rulfiana.

No obstante, como no podía encontrar la forma, se inclinó por escribir los cuentos cortos para retomar la novela tiempo después. Ya habíamos mencionado que a partir de su primera novela destruida, Rulfo se esfuerza por reducir al mínimo la presencia del autor: "Tuve que echar fuera más de 150 páginas antes de dejarla como quedó". Sin embargo, el novelista opinaba que a pesar de haber quitado todo lo retórico, sí dejó lo esencial, "algo que el lector tenía que completar. Es un libro que exige una gran participación del lector, sin ella, el libro pierde mucho".

En 1954 finalmente comienza a apuntar algunas ideas, a veces sacando su libreta en plena calle: "Sentí por fin haber encontrado el tono y la atmósfera tan buscada para el libro que pensé tanto tiempo. [...] Fue como si alguien me lo dictara". En marzo de 1954 ya tiene algunos fragmentos que se publican en la revista *Las Letras Patrias* (bajo el título *Una estrella junto a la luna*) y en la *Revista de la Universidad de México* (con el rótulo *Los murmullos*).

Portada del libro *Pedro Páramo*.

Rulfo decía que escribió toda la novela a mano, dejando a veces párrafos a la mitad para regresar a ellos al día siguiente y retomar la idea; en cuatro meses reunió alrededor de trescientas páginas manuscritas; a medida que las iba pasando a máquina, las destruía. Aunque le urgía entregar el libro, se tardó un tiempo para pulir el estilo y eliminar lo que consideraba superfluo: las divagaciones y explicaciones del autor. Cuando tenía fragmentos terminados, los mostraba en el seminario del Centro Mexicano de Escritores. Es curiosa la reacción que mostraron los diferentes participantes: mientras Arreola y Chumacero le aseguraban de que iba muy bien, Ricardo Garibay "siempre vehemente, golpeaba la mesa para insistir en que mi libro era una porquería". Un participante invitado incluso recomendó a Rulfo leer algunas novelas antes de ponerse a escribir la suya.

En septiembre de 1954, Rulfo entregó al Fondo de Cultura Económica el borrador del manuscrito de la novela ya titulada *Pedro Páramo*, opinando que los editores querían formar un juicio acerca de ésta. Para su sorpresa, en 1955 *Pedro Páramo* vio la luz con la edición de dos mil ejemplares[59].

---

[59] No fue hasta 1980 cuando el director del FCE encontró el original de la novela en el Centro. La editorial, tras consultarlo con Rulfo, decidió sustituir la novela ya publicada por el original —lo cual implicaba tener algunas modificaciones textuales—; así es como apareció la edición de *Pedro Páramo* con una faja publicitaria que indicaba: "Segunda edición revisada por el autor".

Sinopsis y análisis breve

La novela, además de otros méritos, posee una novedosa pero complicada estructura interna. Las secuencias temporales están mezcladas; en un diálogo, por ejemplo, encontramos palabras dichas por los personajes en diferentes épocas; a veces simplemente resulta difícil comprender quién es el que habla. El lector presencia cambios —aparentemente caóticos— de lugar, de época o incluso de mundo. Aún así, una lectura cuidadosa permite entender la estructura de la novela. En respuesta a los críticos que decían que la novela carecía de estructura, Rulfo les recomendaba tres lecturas, después de las cuales terminaba resultando sencilla. Trataremos, pues, de restablecer el orden temporal del argumento de *Pedro Páramo*.

El protagonista de la novela, Pedro Páramo, es un hacendado empobrecido, con toda la fortuna desparramada. Como dice uno de los personajes, su mayordomo Fulgor Sedano: "Porque la familia de usted lo absorbió todo. Pedían y pedían, sin devolver nada. Eso se paga caro. Ya lo decía yo: 'A la larga acabarán con todo.' Bueno, pues acabaron". Con diferentes medios —astucia, mentira o fuerza— hace todo para que las tierras de la comarca se concentren en sus manos. Su primer paso es la decisión de contraer matrimonio con Dolores Preciado, quien —halagada y emocionada— acepta la petición. Dolores no sabe que el verdadero motivo de Páramo es deshacerse de las deudas que contrajo el padre del cacique, quien quedó debiendo a la familia Preciado la cantidad más fuerte que podría imaginarse. Al sentirse cansado de la muchacha, bajo un pretexto imaginado, Pedro la abandona con su hijo Juan quedándose con todo lo que ella tenía. Después, Páramo recurre a la violencia abierta y manda a ahorcar a Toribio Aldrete, quien está luchando por conservar sus propiedades. Utilizando casi las mismos estrategias, pero más que nada provocando terror, Pedro Páramo se apropia de todas las tierras de la región. Todos en la comarca lo odian: desde los peones hasta el cura del pueblo. Su hijo, Miguel, es como una plaga para las mujeres de Comala y los pueblos colindantes, pues viola libremente, sin impunidad. Incluso es menor el odio hacia su padre, el cual al menos conserva un sentimiento puro, pues desde hacía años estaba enamorado de una tal Susana San Juan. Al paso de los años Susana enviuda, pero no hay nada que puede detener a Pedro: para poder casarse con la mujer de sus sueños, manda a asesinar al padre de ésta. Finalmente, logra casarse con ella, aunque ya es demasiado tarde, porque ésta había perdido la razón. Se muere Susana, y toda Comala —que no dejó de aborrecer a su cacique— se regocija en una fiesta. Pedro, encolerizado, promete vengarse: "Me cruzaré los brazos y Comala se morirá de hambre"[60]. La violencia y la muerte que sembraba el cacique finalmente regresaron a él: Pedro muere violentamente, asesinado por su hijastro, Abundio. Puesto que Pedro Páramo era como una especie de Dios en Comala, el pueblo no puede sobrevivir sin él, muriéndose de hambre, tal y como lo había prometido el cacique.

Pasa un tiempo y, acompañado de un arriero que se llama Abundio, llega a Comala el hijo de Dolores y Pedro, Juan Preciado, por un encargo de su madre que ésta le da antes de morir; aquí es donde principia la novela: todos los acontecimientos previos, a pesar de haber ocurrido antes, aparecen en el texto más adelante...

---

[60] Se puede notar un cierto paralelismo con el personaje de "En la madrugada", don Justo; cuando éste muere, el pueblo queda sumido en la oscuridad, pues "don Justo era el dueño de la luz".

Dolores ha criado a Juan en la soledad y está muy resentida con Pedro: "No vayas a pedirle nada. Exígele lo nuestro. Lo que estuvo obligado a darme y nunca me dio… El olvido en que nos tuvo, mi hijo, cóbraselo caro". Al llegar a Comala, encuentra solamente las casas vacías, abandonadas, lo cual desconcierta a Juan, quien esperaba encontrar un pueblo próspero, descrito por su madre así: "Un pueblo que huele a miel derramada". En cambio, encuentra una localidad muerta, llena sólo de murmullos, sombras y ánimas en pena. El ambiente de este pueblo muerto se recrea con una realidad espeluznante, superando por mucho hasta las mejores películas de terror. Así, en una escena Juan se encuentra descansando en una habitación en la casa de una doña Eduviges Dyada; en el transcurso de la noche, los gritos no lo dejan dormir. De pronto, se abre la puerta y entra una mujer que se dice Damiana Cisneros. Ésta se sorprende al verlo ahí, pues la llave de la habitación se había perdido hacía años, desde que ahí dentro ahorcaron a Toribio Aldrete. Damiana invita a Juan para que la acompañe a Media Luna, la hacienda de Pedro Páramo. En la calle Juan le pregunta cómo fue que dio con él, si no sabía de su llegada. Esperando una respuesta, se da una vuelta y ve… nada. Damiana desapareció. Juan está solo en la calle, acompañado únicamente de ecos…

De hecho, Juan, todavía vivo, se topa a cada paso con el mundo irreal de los muertos; aún así, sus habitantes siguen actuando —Miguel Páramo es un ejemplo—, visitan a sus amigos, platican con ellos. Aquí empezamos a comprender por qué necesitó Rulfo desorganizar la novela temporalmente: este recurso le permite mostrar el inframundo, el mundo de los muertos, donde no existen —y ya no importan— ni el tiempo ni espacio. El autor nos ubica en una época, y súbitamente nos encontramos años más tarde; apenas nos situamos en un escenario cuando nos encontramos en otro lugar. En el inframundo todos los lugares son uno mismo y todos los tiempos suceden a la vez. Decía Carlos

Fuentes al respecto de la novela que "nadie puede saber, en realidad, cuánto duran los años de la muerte".

Dos días después de su llegada a Comala, Juan muere. Antes de morir, siente como una falta de aire y sale a la calle a buscarlo:

> No había aire. Tuve que sorber el mismo aire que salía de mi boca, deteniéndolo con las manos antes de que se fuera. Lo sentía ir y venir, cada vez menos; hasta que se hizo tan delgado que se filtró entre mis dedos para siempre.
>
> Digo para siempre.
>
> Tengo memoria de haber visto algo así como nubes espumosas... Fue lo último que vi.

Completa el relato Dorotea, personaje que aparece poco antes de la muerte de Juan y a la cual —no al lector— iba dirigido el relato. Cuenta cómo ayudó a enterrar a Juan, para después sentarse ella a esperar la muerte. Desde su entierro, Juan oye a Susana San Juan, sepultada en una tumba cercana a la de él, y comienza a contarle otra parte de la historia. Mientras que Juan y Susana platican, se oyen las voces de otros que yacen cerca de sus respectivas tumbas. Dorotea explica a Juan: "Lo que pasa con estos muertos viejos es que en cuanto les llega la humedad comienzan a removerse. Y despiertan". El agua en *Pedro Páramo* es un símbolo del mundo de los vivos; de hecho, resulta fácil distinguir éste del inframundo por las referencias al agua. Un personaje que de cierta manera "une" los dos mundos es Abundio el arriero, un guía en el inframundo. Él aparece en el último capítulo para dar muerte al padre de Juan, Pedro Páramo. Así, se da fin al relato.

En el núcleo de *Pedro Páramo* está la historia de un cacique, muy propia de México. En cierta medida, la estabilidad política de México se basaba en la existencia de estos personajes. El Estado no se mete (véase el cuento "Luvina") y deja todo en las manos del cacique, el señor feudal. El rey del pueblo de Comala, Pedro, asesina y engaña, despoja y viola. Es el macho de la comarca, que la llena de hijos. A algunos de ellos los rechaza, como a Miguel, quien después encontraría en sí mismo sentimientos del padre. A otros los tiene en el olvido, como a Juan Preciado. Y es uno de sus hijos que ni siquiera recibieron su apellido; además, lo mata al final de la historia.

El principal personaje femenino es Susana San Juan. Según Páramo, es una mujer bella que después de varios infortunios se hunde en la locura. Parece que no le es dado ser feliz en el mundo asfixiante de Comala. Susana encarna en la novela a un ideal de mujer, con su belleza... y desgracia. Si bien Pedro Páramo la ama con todo su corazón, nunca llega a poseerla debido a la locura de ésta. Susana permanece como un ideal inalcanzable, como algo que se ama pero nunca se puede conseguir. Rulfo confesaba que este personaje fue imaginado a partir de una muchacha que Rulfo había encontrado a los 13 años, se había enamorado de ella, pero nunca volvió a encontrarla en la vida.

Como cualquier buena obra de arte, *Pedro Páramo* ofrece al lector atento a todo detalle una variedad de interpretaciones más o menos complicadas. Así, algunos críticos proponen una lectura "mítica" de la novela: se pretende leer la novela como un mito clásico, como una búsqueda de identidad por Juan Preciado, así como el reencuentro con el lugar de origen. Otros críticos vieron en *Pedro Páramo* una búsqueda clásica del padre o de un paraíso perdido (Un Comala que "huele a miel derramada" en un principio y que poco a poco llega a una destrucción total). Y esta variedad de interpretaciones, este "jardín de senderos que se bifurcan" continúa interrumpidamente...

Los diversos aspectos narrativos, la singularidad del estilo y la apertura a las interpretaciones hicieron de *Pedro Páramo* una novela muy nueva para sus tiempos; es una novela trágica, una novela violenta, una novela de amor. Alfonso Reyes incluso la llamó "extraña novela". Ya mencionamos que en el relato resulta difícil distinguir entre el mundo de los vivos y el de los muertos, así como restablecer las relaciones temporales y espaciales. Una cierta dificultad de comprensión causó que no todos los críticos dieran a la novela su merecido reconocimiento. Su amigo y colega Alí Chumacero reprochaba al autor de *Pedro Páramo* en el suplemento a *La Jornada* la imposibilidad de distinguir lo real de lo fantástico y la falta de estructura: "Se advierte, entonces, una desordenada composición que no ayuda a hacer de la novela la unidad, que, ante tantos ejemplos que la novelística moderna nos proporciona, se ha de exigir de una obra de esta naturaleza". Sólo con los años la crítica distinguió en ella un clásico, no sólo de la literatura de la lengua española, sino también una obra maestra de la narrativa universal.

Pero cabría preguntarse si lo descrito en la novela sigue siendo actual para México. ¿Podemos decir, con el corazón en la mano, que el tema de *Pedro Páramo* pertenece a la historia, o está vivo en el ambiente mexicano moderno? Carlos Monsiváis narraba que una vez en una comida se propuso un juego: en los tiempos actuales, ¿quiénes serían los personajes de *Pedro Páramo?* Surgieron varias ideas, pero la más interesante la dijo Fernando Benítez, concluyendo: "Y gracias a sus méritos como gobernador y hombre de la Revolución, a don Pedro le hubiese tocado presidir la ceremonia oficial para rebautizar al pueblo, desde hoy Comala de Páramo".

Quizá, en *Pedro Páramo* se halla la respuesta a la pregunta: ¿adónde se van los habitantes de Talpa, Zenzontla, la Cuesta de las comadres, etcétera? Se van de este mundo al desengañarse de no poder encontrar una esperanza aquí, y el autor los sigue, como una sombra silenciosa, relatándonos en forma de murmullo sus tristes aventuras en el mundo de los muertos.

Conclusión

Nadie puede hablar sobre un autor mejor que su propia obra. Octavio Paz decía que "la extrañeza que provoca nuestro hermetismo ha creado la leyenda del mexicano, ser insondable". Así —insondable, sombrío, cerrado para la mirada intrusa— es Juan Rulfo, el escritor mexicano. Muy reservado, parco, casi impenetrable para aquel que sólo quiere ver lo externo, Rulfo se deja ver a través de sus "pocos pero doctos" libros. Estamos convencidos de que ninguna biografía, tratado o estudio podrán plenamente abrir al lector el mundo de un escritor de la talla de Juan Rulfo. No hay nada mejor que adentrarse por su propia cuenta en su universo, nuestro universo, polvoriento, silencioso, siempre en blanco y negro, irónico y violento, ingenuo e ingenioso, donde detrás de cada línea se esconde viva la Historia —destinos, muertes, sufrimientos—. Nada como leer a Juan Rulfo, este escritor más mexicano; leer a México, a su historia viva; leernos a nosotros mismos.

Esta obra se terminó de imprimir
en abril de 2004, en
Litográfica Ingramex, S.A. de C.V.
Centeno 162-1
Col. Granjas Esmeralda
México, D.F.

CALIDAD ISO 9000 CERTIFICADA
Certificado No. 02-2082